财政部规划教材（配套教材）

高等院校应用型会计系列教材

《管理会计》
学习指导

Managerial Accounting
Study Guide

刘运国　主　编

庄婉婷　罗　立　副主编

中国财经出版传媒集团

经济科学出版社
Economic Science Press

图书在版编目（CIP）数据

《管理会计》学习指导／刘运国主编. -- 北京：
经济科学出版社，2023.4
财政部规划教材（配套教材）高等院校应用型会计系
列教材
ISBN 978 - 7 -5218 - 4639 - 3

Ⅰ. ①管…　Ⅱ. ①刘…　Ⅲ. ①管理会计 - 高等学校 -
教学参考资料　Ⅳ. ①F234. 3

中国国家版本馆 CIP 数据核字（2023）第 048955 号

责任编辑：杜　鹏　武献杰　胡真子
责任校对：隗立娜
责任印制：邱　天

《管理会计》学习指导

刘运国　主　编

庄婉婷　罗　立　副主编

经济科学出版社出版、发行　新华书店经销
社址：北京市海淀区阜成路甲 28 号　邮编：100142
会计分社电话：010 - 88191441　发行部电话：010 - 88191522
网址：www. esp. com. cn
电子邮箱：esp_bj@ 163. com
天猫网店：经济科学出版社旗舰店
网址：http：//jjkxcbs. tmall. com
固安华明印业有限公司印装
787 × 1092　16 开　12. 25 印张　270000 字
2023 年 6 月第 1 版　2023 年 6 月第 1 次印刷
ISBN 978 - 7 -5218 - 4639 - 3　定价：32. 00 元
（图书出现印装问题，本社负责调换。电话：010 - 88191545）
（版权所有　侵权必究　打击盗版　举报热线：010 - 88191661
QQ：2242791300　营销中心电话：010 - 88191537
电子邮箱：dbts@ esp. com. cn）

高等院校应用型会计系列教材编委会

总序

党的二十大报告指出，要"办好人民满意的教育"；要"统筹职业教育、高等教育、继续教育协同创新"；要"引导规范民办教育发展"；要"加强教材建设和管理"。应用型高等院校是我国高等教育的重要组成部分，从学生人数和毕业生人数来看，应用型本科和专科占了绝大部分。在高等会计专业教育中，更是如此。例如，在广东，"985"大学的中山大学和华南理工大学一年培养的会计专业本科毕业生不到200人，但是在应用型本科的广东财经大学会达到好几百，在应用型民办本科高校则更多。例如，广州新华学院（原中山大学新华学院）在校会计专业本科生超过3 000人，每年毕业生达到近1 000人。应用型高等院校为社会培养了大量应用型高级专门会计人才，有力地支持了国家和地方的经济社会发展。如何为应用型高校会计专业人才培养撰写一套适合的教材，一直是我们的梦想、我们的追求和我们努力要做的事情。

应用型高校人才培养，强调应用，强调实践能力的培养，同时也十分强调"育人"，强调价值观塑造和品格的养成，强调培养造就正直诚信度高的毕业生。要把学生培养成职业道德好、"上手快"、执行能力强的德智体美劳全面发展的社会主义事业的建设者和接班人；要结合专业特点和行业特点，培养工匠精神和职业精神，培养既能"上手快"又能"行得远"的应用型高级专门人才；要把"育才"与"育人"结合起来，把对学生的价值观和人格塑造、知识传授和能力培养结合起来。应用型人才培养，要打造"金课"，"金课"打造中最重要、最核心的内容就是教材建设。根据《普通高等学校教材管理办法》和《高等学校课程思政建设指导纲要》对教材的要求，以及新的数字时代线上线下教学相结合的特点，结合广州新华学院会计学一流专业建设和一流课程建设，我们打造了这套适合于应用型本专科高等院校会计学专业的系列教材，包括七本：《会计学基础》《中级财务会计》《高级财务会计》《管理会计》《企业财务管理》《审计学》《税法基础与实务》。对应这七本教材，我们成立了七个专门的课程教学团队，让实际参与该课程授课的老师都进入课程团队，并参与教材建设。教材使用中发现问题，及时反馈，持续改进。

本套教材具有如下特色：

第一，本土。扎根中国情景，富有中国心、饱含中国情、充满中国味。虽然会计准则和会计制度日益国际趋同，但中国会计准则和制度体系是以我为主、博采众长。本套教材紧扣中国制度背景、中国会计准则和制度体系以及中国管理会计指引体系，所采用的案例和例子都是中国本土企业实例，扎根中国大地，接中国底气。

第二，实用。强调应用和实践。会计学知识本身是应用性和实践性比较强的知识。在编写本套教材的老师中，大部分是既具有高校职称又具有实务职称的双师型教师，他们具有丰富的会计实务经验，也具有丰富的高校教学经验，这样保证了本套教材的实用性。

第三，思政。根据课程思政要求，本套教材很好地融入了课程思政内容。在教材中，融入会计、审计职业理想和职业道德教育，引导学生深刻理解并自觉践行会计、审计行业的职业精神和职业规范，增强学生的职业责任感，培养学生遵纪守法、爱岗敬业、无私奉献、诚实守信、公道办事、开拓创新的职业品格和行为习惯，帮助学生了解会计、审计专业和行业领域的国家战略、法律法规和相关政策，引导学生深入了解和思考会计、审计社会实践，关注现实问题，培育学生经世济民、诚信服务社会、德法兼修的职业道德素养。

第四，简明。编写语言开门见山，简洁明了；聚焦核心基本概念、基本原理和基本方法；帮助学生打牢基础，抓住关键，举一反三。

第五，易懂。体现在尽量少用或者删除不容易理解的阐述以及数学公式、数学模型。

第六，易教。教辅配套资料丰富，节省教师备课时间，老师易教。

第七，易学。在本套教材中，已提炼出学习目标，每章的重点和难点，部分配有学习指导书、习题集和习题参考答案，方便学习。

本套系列教材是广州新华学院会计学院同仁围绕一流专业和一流课程建设，进行应用型高校会计核心课程教材建设的一种尝试。本套教材的出版得到广州新华学院会计学国家一流专业建设项目、会计学省级一流专业建设项目、会计学校级重点建设项目、会计学校级特色建设项目的支持！特别感谢经济科学出版社杜鹏老师的敬业精神和持续支持与鼓励！由于编者经验和水平有限，难免存在不足和错漏，我们衷心地希望本系列教材能得到广大同仁的支持和认可，也诚恳地希望广大读者同仁在使用过程中多提宝贵意见和建议，以便我们在今后的修订过程中持续改进。

财政部全国会计名家工程入选者（2019）

广东省（本科）教学名师

广州新华学院会计学院　院长

高等院校应用型会计系列教材编委会主任

2023 年 2 月

前言

　　本书是为了贯彻落实党的二十大关于"加强教材建设"的精神，为我们的应用型会计本专科教材《管理会计》编写的配套学习指导书。本指导书对应教材各章提供了三个部分的内容：一是学习指导，提出了各章的学习目标、学习重点和学习难点；二是对教材中各章后面的复习思考题和练习题提供了参考答案；三是除了教材里的习题外，给各章补充了一定量的练习题及其答案。全书题目和内容力求紧扣教材，贴近中国管理会计实践，接中国地气，深入浅出、通俗易懂、便于自学。

　　本指导书是在吸收国内其他同类教材的优点基础上结合应用型高等院校特点编写而成。本指导书是广州新华学院会计学院《管理会计》课程教学团队老师们共同努力的结果。教学团队负责人刘运国教授确定本指导书的总体策划和编写提纲，并提供了相关底稿，庄婉婷副教授协助相关资料和组织协调，具体编写分工如下：刘运国、吴津钰负责第一章，庄婉婷负责第二、第八章，陈会负责第三、第十章，任蒙娜负责第四、第九章，吴秀曼负责第五、第七章，梁经纬负责第六章，罗立负责第十一、第十二章。

　　本指导书的出版得到广州新华学院会计学国家一流专业建设项目、会计学省级一流专业建设项目、会计学校级重点学科建设项目、会计学校级特色专业建设项目和东莞市特别支持计划项目的支持！本指导书也是广东省一流本科课程《管理会计》的配套成果。感谢经济科学出版社杜鹏老师的敬业精神和持续的鼓励与支持！由于编者水平有限，书中难免存在错误、遗漏和不足，敬请广大读者批判指正！

编　者

2023 年 3 月

目录

第一章　组织环境与管理会计

第一节　学习指导

一、学习目标

1. 了解与管理会计相关的基础学科。
2. 了解现代管理的含义及其一般过程。
3. 理解企业组织结构与现代管理会计的关系。
4. 理解现代企业会计信息系统的构成及其与其他系统的关系。
5. 理解管理会计与财务会计的区别和联系。
6. 了解管理会计与成本会计、公司财务管理的区别和联系。
7. 理解现代管理会计的含义。
8. 了解管理会计信息的多样性及各类组织的管理会计的特点。
9. 理解职业道德对管理会计师的重要性。

二、学习重点

1. 企业组织结构与现代管理会计的关系。组织结构的概念有广义和狭义之分。狭义的组织结构，是指为了实现组织的目标，在组织理论指导下，经过组织设计形成的组织内部各个部门、各个层次之间固定的排列方式，即组织内部的构成方式。广义的组织结构，除了包含狭义的组织结构内容外，还包括组织之间的相互关系类型，如专业化协作、经济联合体、企业集团等。管理会计正是基于这些企业组织结构而不断发展的。

2. 管理会计与财务会计的联系和区别。管理会计与财务会计源于同一母体，共同构成了现代企业会计系统的有机整体。两者相互依存、相互制约、相互补充。管理会计与财务会计所处的工作环境相同，共同为实现企业和企业管理目标服务。管理会计所需的许多资料来源于财务会计系统，其主要工作内容是对财务会计信息进行深加工和再利用，因而受到财务会计工作质量的约束。同时部分管理会计信息有时也列作对外公开发表的范围。

但两者有明显的区别。

一是会计主体不同。管理会计主要以企业内部各层次的责任单位为主体，更为突出以人为中心的行为管理，同时兼顾企业主体；而财务会计往往只以整个企业为工作主体。

二是具体工作目标不同。管理会计作为企业会计的内部管理系统，其工作侧重点主要为企业内部管理服务；财务会计工作的侧重点在于为企业外界利害关系集团提供会计信息服务。

三是基本职能不同。管理会计主要履行预测、决策、规划、控制和考核的职能，属于"经营型会计"；财务会计履行反映、报告企业经营成果和财务状况的职能，属于"报账型会计"。

四是工作依据不同。管理会计不受财务会计公认会计原则的限制和约束。

五是方法及程序不同。管理会计适用的方法灵活多样，工作程序性较差；而财务会计核算时往往只需运用简单的算术方法，遵循固定的会计循环程序。

六是信息特征不同。

七是体系的完善程度不同。管理会计缺乏规范性和统一性，体系尚不健全；财务会计工作具有规范性和统一性，体系相对成熟，形成了通用的会计规范和统一的会计模式。

八是观念取向不同。管理会计注重管理过程及其结果对企业内部各方面人员在心理和行为方面的影响；财务会计往往不大重视管理过程及其结果对企业职工心理和行为的影响。

第二节　练习题

一、名词解释

1. 管理会计　　　　　　2. 会计信息系统　　　　　3. 战略管理会计

二、单项选择题

1. 下列各项中，与传统的财务会计相对立概念而存在的是（　　　）。

A. 现代会计　　　　B. 企业会计　　　　C. 管理会计　　　　D. 成本会计学

2. 下列会计子系统中，能够履行管理会计"考核评价经营业绩"职能的是（　　　）。

A. 预测决策会计　　　　　　　　B. 规划控制会计

C. 对外报告会计　　　　　　　　D. 财务会计

3. 下列说法中正确的是（　　　）。

A. 管理会计是经营管理型会计，财务会计是报账型会计

B. 财务会计是经营管理型会计，管理会计是报账型会计

C. 管理会计是对外报告会计

D. 财务会计是对内报告会计

4. 下列各项中，属于划分传统管理会计和现代管理会计两个阶段时间标志的是（　　　）。

A. 19 世纪 90 年代　　　　　　　　B. 20 世纪 20 年代

C. 20 世纪 50 年代　　　　　　　　D. 20 世纪 70 年代

5. 在西方，企业内部的管理会计部门属于（　　　）。

A. 服务部门　　　B. 生产部门　　　C. 领导部门　　　D. 非会计部门

6. 管理会计与财务会计的关系是（　　　）。

A. 起源相同、目标不同

B. 目标相同、基本信息同源

C. 基本信息不同源、服务对象交叉

D. 服务对象交叉、概念相同

7. 在现代企业会计系统中，管理会计又可称为（　　　）。

A. 算呆账的报账型会计　　　　　　B. 外部会计

C. 算活账的经营型会计　　　　　　D. 责任会计

8. 从服务对象上看，现代管理会计侧重服务于（　　　）。

A. 企业的投资人　　　　　　　　　B. 企业的债权人

C. 企业内部各级经营管理者　　　　D. 以上全部

三、简答题

1. 什么是现代管理会计？简述现代管理会计的目标、内容和特点。

2. 管理会计的形成和发展经历了哪些主要阶段？

3. 简述管理会计与财务会计的区别和联系。

4. 简述管理会计与成本会计、公司财务管理的主要区别。

5. 现代企业组织结构变化对现代管理会计有什么影响？

6. 简述不同组织、同一组织不同层次的员工对管理会计信息的不同需求。

7. 简述管理会计信息系统在整个组织管理信息系统、会计信息系统中的地位和作用。

8. 美国管理会计师协会对管理会计师的职业道德规范的要求是什么？结合我国国情阐述如何规范和提高我国管理会计人员的职业道德行为。

四、计算与核算题

北京精科科技发展股份有限公司总经理委托副总经理兼公司财务总监负责组织编制预算。财务总监会同管理会计人员及各方面负责人，按照总经理批准的必要程序，最终编制出以下预计财务报告和重要的资本支出预算。

1. 预计财务报告。北京精科科技发展股份有限公司按照预算编制的一般步骤，结合相关的财务数据资料，参考 2010 年、2011 年和 2012 年的生产经营情况，编制 2013 年度的有关预计财务报告如表 1 - 1 至表 1 - 3 所示。

表 1 - 1　　　　　　　　　　　　　现金预算

2013 年度　　　　　　　　　　　　　　单位：千元

项目	第一季度	第二季度	第三季度	第四季度	全年合计
期初现金收入	1 400	1 128	1 224	1 053.50	1 400
销售现金收入	20 060	20 240	24 640	23 760	88 700
可动用现金合计	21 460	21 368	25 864	24 813.50	90 100
现金支出					
材料购入	9 682	9 324	11 128	10 908	41 042
直接人工	4 000	5 100	5 900	5 100	20 100
制造费用	2 550	2 770	2 930	2 770	11 020
销售及管理费用	2 150	2 300	2 450	2 300	9 200
所得税	400	400	400	400	1 600
购置设备	2 000		1 000	2 000	5 000
股息	250	250	250	250	1 000
现金支出合计	21 032	20 144	24 058	23 728	88 962
最低现金余额	1 000	1 000	1 000	1 000	1 000
现金需求总额	22 032	21 144	25 058	24 728	89 962
现金余缺	(572)	224	806	86	138
借入现金	700				700
归还贷款			(700)		(700)
借款利息（年利率10%）			(52.50)		(52.50)
期末余额	1 128	1 224	1 053.50	1 085.50	1 085.50

表 1 - 2　　　　　　　　　　　　　预计资产负债表

2013 年 12 月 31 日　　　　　　　　　　　　单位：千元

资产	期末数	负债	期末数
流动资产		流动负债	
现金	1 085.50	应付账款	4 100

续表

资产	期末数	负债	期末数
应收账款	8 800	其他应付款	168
存货	3 160	长期负债	—
固定资产		股东权益	
房屋净值	12 500	股本	36 500
设备净值	33 000	留存收益	17 777.50
资产合计	58 545.50	负债及股东权益合计	58 545.50

表1-3　　　　　　　　　　　　　　预计损益表

2013 年度　　　　　　　　　　　　　　　　单位：千元

销售收入		88 000
销售成本		64 000
销售毛利		24 000
销售及管理费用	9 200	
折旧费用	5 000	
租赁费用	5 000	19 200
营业利润		4 800
利息费用		52.50
税前利润		4 747.50
所得税		1 600
税后利润		3 147.50

2. 资本支出预算。该公司准备在未来三年中完成的资本支出预算有：

（1）固定资产进一步扩建，在国内外建立新的产品制造厂家。

（2）购入新的机器和设备，为公司的扩大再生产做准备。

（3）在资金允许的条件下进行新的对外投资，有计划地购买国内外企业的股票和债券，一方面扩大公司影响，另一方面为公司获取利润。

（4）进行新产品的研制和开发，为长期占有市场打下基础。

要求：

1. 公司总经理认为预计财务报告根本不应当作为公司预算的内容，换句话说，该财务总监所编制的预算根本不是管理会计的内容。两人发生了激烈的争执。请阅读以上预计财务报告，在你还没有学习全面的管理会计知识的情况下，仅结合本章所学的内容，从管理会计的方法和职能原理上说明总经理和财务总监究竟谁正确，原因是什么？

2. 如果财务总监正确，他对于管理会计内容和方法的使用还有哪些欠缺？

第三节 习题参考答案

一、名词解释

略。

二、单项选择题

1. C 2. B 3. A 4. C 5. A 6. B 7. C 8. C

三、简答题

1. 什么是现代管理会计？简述现代管理会计的目标、内容、特点。

答：未来的管理会计是内部报告会计，应是以组织所服务的顾客终身价值最大化（战略考虑）为目标的，以计算机和网络为主要手段，以财务数据为主要内容，同时结合非财务信息，为组织形成和提升其核心竞争能力提供相关信息支持的管理信息系统。

从目标上看，所有的组织之所以存在，是因为存在它所服务的对象——顾客。工商企业的顾客一般比较清楚，是使用或者享用这个商品或者服务的组织或者个人。非营利组织也有它的顾客：学校的顾客是学生；医院的顾客是患者；政府的顾客是它所服务的公民；教堂的顾客是教徒；寺庙的顾客是信徒。这个组织存在的基础是它有顾客，组织发展的基础是能使它的顾客满意，它的顾客能从该组织中获得价值（包括精神上的价值享受，虽然目前的管理会计由于无法度量而没有包括这方面内容）。企业（组织）的财务利润来自哪里？从根本上看，来自满意顾客的回报（或者对价）。所以，以组织所服务的顾客终身价值最大化为目标是现代管理会计长远的战略性的根本目标，这个目标永远都不会过时。首先，从中短期的目标看，管理会计是为帮助一个组织形成和提升其核心竞争能力服务的。其次，从手段上看，现代管理会计再也不能离开计算机和网络，时代发展到现在，已经不容许没有它的参与，没有它的应用。一个现代管理会计师不会应用计算机和计算机网络作为他的技术手段，他肯定很难找到满意的工作。再次，从管理会计信息内容上看，虽然现代管理会计已经不能仅仅涵盖财务信息，要结合非财务信息，但是我们仍然认为，管理会计信息的主要内容还是以货币计量的财务信息，同时要结合非财务信息。最后，我们认为，现代管理会计仍然是一个信息系统，是现代组织管理信息系统的一个子系统。

2. 管理会计的形成和发展经历了哪些主要阶段？

答：现代管理会计形成和发展主要经历了三个阶段，即执行性管理会计阶段（20世纪初到50年代）；决策性管理会计阶段（20世纪50年代到90年代）；管理会计新发展阶段（20世纪90年代到现在）。

3. 简述管理会计与财务会计的区别和联系。

答：管理会计与财务会计的区别可以用表1－4总结。

表1－4　　　　　　　　　　　**管理会计与财务会计的主要区别**

项目	财务会计	管理会计
服务对象	企业外部团体，如股东、债权人、税务部门等	企业内部的各级各类管理者
目标	向企业外部组织和个人报告企业过去的业绩；与所有者和债权人保持联系	为员工和管理者提供制定决策的信息；反馈决策实施过程中的信息并进行控制
信息的及时性	滞后的、历史的信息反映过去（历史学家）	当前的、面向未来的信息分析过去、控制现在、规划未来（未来学家）
强制性要求	必须遵循法定的、公认会计准则或由政府权威当局制定的规则	没有强制性规定，非法定的，为满足企业内部战略和经营管理需要而制定的信息系统
信息类型	仅仅以货币形式表现的财务信息	财务信息；有关生产、技术、供应商、消费者和竞争者的非财务数据；以实物形式表现的非财务信息
信息属性	主要强调客观性、可验证性	主要强调相关性和及时性
核算范围	总括的、关于整个企业的报告	非综合的、关于分部决策和行动的信息

管理会计与财务会计的主要联系体现如下几个方面：

（1）许多原始资料相同；

（2）对象都是反映组织的资金运动；

（3）目的都是为信息使用者，为决策者提供有用的信息。只不过一个是对外部使用者，一个是对内部使用者。

（4）对外财务报告逐渐把原来管理会计内容对外披露，比如未来现金流量信息；企业分部报告信息等。

4. 简述管理会计与成本会计、公司财务管理的主要区别。

答：管理会计学是会计学的分支；成本会计也是会计学（信息系统科学）的分支。成本会计包括成本计算和成本管理控制。在没有成本会计前，成本计算（成本核算）可以归入财务会计学的内容；而成本管理控制则是管理会计学的前身，是归入管理会计学的内容；但是由于不同企业的不同管理方式和不同组织方式非常复杂，导致成本核算也好，成本管理控制也好，内容非常复杂和丰富，需要单独列课来讲授，这样就形成了单独的成本会计学。所以说成本会计学也是财务会计学和管理会计学的桥梁和纽带。但是公司财务管理这门课程，它本属于企业管理里面的一个分支课程。从金融学领域讲，它是微观财务（其他包括宏观财务，比如货币银行学和财政学）；从企业管理角度讲，它是企业管理的分支（企业管理包括人力资源管理、生产管理、营销管理等）。但是公司财务管理有关内容，比如货币时间价值、现金流量分析、长期投资决策等内容与现代管理会计学的决策性管理会计（比如资本预算）内容是相同或者相似的。这个并不矛盾，这是不同学科从不同角度来阐述同一个问题。这就像一座大山，我们需要从不同角度去攀登、去了解、去探求它。其顶点是一个，但从不同角度看是不同的。我们人类对自然的认识也好，对人文社会科学的认识也好，只有这样不断从不同角度去认识它，去探求它，才能越来越接近真实和真理。所以，这些课程同时存在是没有问题的。有相似或者相同内容，在不同课程选择和讲授时候，可以互相协调来解决。

5. 现代企业组织结构变化对现代管理会计有什么影响？

答：传统的工业经济时代，企业主要靠提高规模经济，靠提高原材料利用率、设备利用率、劳动生产率，即靠提高生产效率来提高企业的经济效益。在当时的技术经济环境下，产生了以标准成本制度、变动成本法、责任会计、本量利分析为主要内容的基础管理会计。近20年来，伴随着科学技术的巨大进步和社会经济发展变化，西方国家的一些大企业进行了一系列改革。在经历了早期的全面质量管理、柔性制造系统和标杆管理等提高生产效率的新措施后，近年来将改革的重点逐步转移到组织结构方面。其表现为：企业各部门功能开始融合、交叉，如制造部门可能兼有直销、会计与财务的功能，销售部门兼有市场调查、会计、财务、工程技术的功能等。此外，随着计算机的广泛应用和信息处理能力的日益提高，还使得企业上下级之间、多功能部门之间，以及其与外界环境之间的信息交流，变得十分便捷，企业适应环境的应变性和灵活性大大提高。此时，管理会计适应企业组织结构变化，反映得最为敏感，其传统的内容、职能与作用等均发生了新的变革和创新。

企业经营环境的变化引起了企业组织的变革，组织的变革又引起了管理的变化，管理的变化又引起管理会计的创新。环境的变化主要包括：（1）竞争的变化，如竞争规则的变化；越来越多的国家和地区加入世界贸易组织（WTO），竞争日益全球化。此外，人们生活水平的提高、顾客需求的不断变化，使竞争更加复杂和激烈。（2）生产经营技术方面的变化，如越来越多的企业采用了电子商务技术、适时生产系统（JIT）、全面质量管理（TQM）、ISO900系列质量管理系统、柔性制造系统、计算机一体化制造系统等。（3）信息加工技术方面的变化，如计量技术、沟通交流技术、加工技术、报告与分析技术等。越来越多的企业采用了物料供应计划（MRP）与制造资源规划（MRPⅡ）系统、企业资源计划（ERP）、信息管理系统等。许多企业从实践中体会到，成本、时间、质量、速度、创新和知识将成为决定企业成败的关键因素。在今天高度竞争和技术驱动的环境中，限制企业增长和战略成功的稀缺资源不是资本，而是专业化的知识和专长，以及蕴藏在企业中的组织能力。换言之，企业为获得竞争优势，必须从资源分配、管理层次的设置、决策程序和部门之间关系等多方面对原有组织模式进行构造。尽管企业的组织变革各有侧重，具体方法也不尽相同，但是可以看出，西方国家大型企业的组织变革呈现出一种共有的趋势——存在了 60 多年、几乎被大企业采用的事业部制的组织模式正在被一种新型的组织模式取代，这种组织模式称为扁平化的网络组织或 N 型组织。

20 世纪 90 年代以来，以减少企业管理层、强化分权管理为主要内容的组织形式变革更为剧烈。英国电讯公司的管理层次由 12 层减为 6 层，在 1992 年和 1993 年两年中，该公司已经解雇了 900 名高级管理人员和 5 000 名中级管理人员；1994 年 3 月，该公司又宣布裁减 35 名年薪在 5 万 ~10 万英镑的高级主管。美国通用电气公司的管理层次也由 9 层减为 4 层，公司的高级经理从 700 名减少到 400 名，总公司的管理人员由原来的 2 100 人减少到 1 000 人。德国大众汽车制造公司从 1992 年到 1995 年，不仅取消了过去分 6 级的管理层次，而且管理人员也由 1 000 人减少到 800 人。管理学家预言，21 世纪就业机会消失最多的是中层管理人员的职位，这实质上是组织扁平化趋势的必然结果。

与事业部制相比，这种新的组织模式的组织结构单元和单元之间的关系类似于一个网络，所以这种新企业组织称为扁平化网络组织或 N 型组织。从总体上看，它是一个由众多独立的创新经营单位组成的彼此有紧密纵横联系的网络，其主要特点是：

（1）分散性。它不是几个或几十个大型战略经营单位的结合，而是由为数众多的小规模经营单位构成的企业联合体，这些经营单位具有很大的独立性。这种模式减少了基层单位对企业或对总公司在技术、财务和人力等方面的依赖，基层企业的权力和责任大大增强，可以充分调动和发挥基层员工的主动性、积极性和创造性。这一特征使管理会计信息不仅为少数高层管理者服务，而且为更广泛的基层管理者服务，为整个企业集团服务。

（2）创新性。随着这种组织形式发展而导致的基层企业权力和责任的增大，需要促进基层经理对本单位的经营绩效负责。因此，基层经理从其传统的执行者的角色转变为创新活动的主要发起人，为公司创造和追求新的发展机会；中层经理不再是完全扮演控制者角色，反而变成了基层经理的关键资源，辅导和支持基层员工的工作。此时，最高管理层的精力主要集中在驱动创新过程上。创新活动已由过去少数高层管理人员推动转变为企业基层人员的重要职责，遍及企业的各个角落。现代管理会计要为企业的创新提供必要的信息支持。

（3）高效性。在这种组织形式下，行政管理和辅助职能部门十分简练，基层有必要的经营自主权，通常采用柔性管理的方式，即通过频繁的纵向沟通，让基层真正了解企业的总体战略目标和战略意图，培养和营造共同的价值观念和企业文化。基层可以自主地根据具体的市场情况组织生产经营活动，快速地对市场变化作出反应。这一特征要求管理会计更加注重实用性，要在实践中不断学习和修正。

（4）协作性。在这种组织形式下，独立的小规模经营单位的资源是有限的，不能像事业部那样自给自足，在生产经营中必须大量依赖与其他单位的广泛合作。这种基层经营单位之间主动的广泛合作，为知识、技能等资源在企业内的转移和企业能力的整合提供了重要渠道。中间管理层在促进经营单位合作过程中发挥着关键作用。计算机信息系统的不断成熟和普遍使用，将中层管理人员从纵向信息传递的繁重任务中解脱出来，他们可以将主要精力放在横向沟通和资源与能力的整合上。这种横向整合是多元的，有信息交流、人员流动、非正式的人际交往等过程。这一特征迅速提升了管理会计在整个企业价值管理中的地位和作用，管理会计信息开始由内而外，协调和服务于企业集团的整体利益。

总之，随着企业组织结构的扁平化，以及企业内部各个层级单位自主权的扩大，很多过去不是管理者的员工成为新的管理者，很多过去不需要管理会计信息的员工现在也需要管理会计信息的支持，而且需要适时的、在线的管理会计信息，由此，现代管理会计将演变为意义更广、内容更为丰富且可以提供适时信息的"组织会计"。

6. 简述不同组织、同一组织不同层次的员工对管理会计信息的不同需求。

答：不同组织对管理会计信息需求是不同的。比如制造业，就必须核算产品制造成本；对于商品流通业则没有这个需求和内容；对服务业来说，信息内容和管理会计要做的事情也不相同。但无论是什么组织，都需要管理会计信息，这是毋庸置疑的。那么在同一个组织里，不同层级的员工，由于职责和角度不同，对管理会计信息需求内容应该也是不同的，比如在一个汽车销售公司里，基层汽车零配件销售和维修店的机修工、店长、区域总经理、整个公司总经理对现代管理会计信息需求不同。越是上层越需要总括的信息，比如市场占有率、利润率、净资产收益率等信息；越是基层越需要具体的信息，比如机修工，要将自己修理一个业务的时间和成本与标准的时间和成本比较，从而来考量自己的业绩。这种不同信息需求丰富了我们对现代管理会计的认识，也丰富了现代管理会计学的内容。

7. 简述管理会计信息系统在整个组织管理信息系统、会计信息系统中的地位和作用。

答：管理会计信息系统属于企业会计系统一个分支，而企业会计信息系统又是企业整个管理信息系统的一个分支。组织的会计信息系统包括了财务会计信息系统（如记账、算账和报账内容），也包括管理会计信息系统（如预算信息系统、成本核算和成本管理控制信息系统、投资管理系统、资金管理系统等）。管理会计信息系统在企业管理信息系统中具有重要作用，处于重要地位。

8. 美国管理会计协会对管理会计师的职业道德规范的要求是什么？结合我国国情阐述如何规范和提高我国管理会计人员的职业道德行为。

答：美国管理会计协会对管理会计师的职业道德规范有具体要求，参见其发布的《管理会计师职业道德行为规范》。具体从能力、保密、公正性和客观性4个层面对管理会计师的职业道德进行了系统阐述，并提出了明确要求，值得我国学习和借鉴。

四、计算与核算题

1. 财务总监正确。

如果抛开数据上的问题不谈，仅从本章所涉及的管理会计方法和职能原理上分析，以上结论理由十分充足。详细说明如下：

从管理会计的概念和特征上看，由于管理会计信息用于企业内部管理，在企业的日常经营管理中发现问题，可随时就发现的问题提出管理会计报告。另外，管理会计信息的报告形式也不受会计法规和会计制度的约束。该财务总监正确地理解和把握了管理会计这一特点，提前编制了企业下年的预计财务报告，提交给最高管理层，作为未来经营计划的参考，符合管理会计的基本目标，即提供信息、参与决策、执行计划和实施控制。

从管理会计的职能作用上看，管理会计方法着重于管理方面。具体可表述为：为决策提供客观可靠的信息；制定计划，编制预算；成本确定和成本计算；指导经营，实施控制等。其中编制预算是管理会计的重要职能，通过预算可将经营中的目标逐步分解，使之数量化和具体化。预计财务报告正是对预算期企业目标具体化和数量化的充分体现。

从管理会计信息的质量特征上看，预计财务报告内容连贯、清晰易懂，同时具有预测的先见性，对未来经营决策会起到重要的参考作用。因而符合管理会计的信息质量要求。从成本效益原则上看，提供和使用会计信息的成本应当尽量低于未来可能取得的收益，以保证管理会计对于提高企业经济效益所应当发挥的功能。对于信息收集和处理程序的设置、业绩评价指标的设计、控制措施的运用，都应考虑其产生的效益。财务总监考虑到实际中调研费用等问题，直接会同管理会计人员及各方面负责人，利用他们手中现有的资料直接编制预算，节省开支。

同时也应注意到，在整个预算的编制和提请审批的过程中，该财务总监一直恪守职业道德，按照正常的程序和规范工作，符合会计师的基本道德规范中胜任、严守秘密、诚信、客观原则。总经理之所以不理解财务总监的工作，是因为他没有全面领会管理会计中预算的含义和内容。事实上，管理会计的方法是灵活多样的，预算中很重要的一部分内容就是财务预算，即预计财务报告。

2. 财务总监所使用的管理会计内容和方法，在预算这一问题上仍有所欠缺。主要体现为：

（1）预算内容的不完整性。作为股份有限公司，其在供、产、销和人、财、物等方面日常发生的情况会十分复杂，绝不是预计财务报告和投资决策预算所能完全概括的，还需要针对具体对象编制详细的经营预算，才可满足企业控制和考核的实际需要。

（2）管理会计的基本方法特征不突出。管理会计贯穿着边际分析的基本原理，这是管理会计方法的中心内容，具体体现为差量分析等长短期预测、决策方法。从预计财务报告和投资决策预算中，看不出这一原理的实际应用。没有任何边际分析和差量分析，使用的管理会计方法不典型，所以才引起总经理的怀疑。

（3）信息与人的行为互动关系较差。未考虑管理会计信息对人的行为的重要影响，只考虑实际中调研费用等问题，直接会同管理会计人员及各方面负责人，利用他们手中现有的资料直接编制预算，这既是一个优点，同时也可能带来负面效应。因为毕竟雇员才是企业预算的具体执行人，管理会计应密切注意执行人的行为结果，预算的编制应该考虑具体执行人的意见，才能取得正确的反馈信息以修正预算。

（4）过分依赖于财务会计资料。管理会计与财务会计有所联系，可以适当使用财务会计资料，但又不能仅应用财务会计的方法。预计财务报告中的一些数据可能是在历史水平财务报告的基础上预计的，但更应根据计划期的实际情况来考虑。

第二章　成本分类与成本性态分析

第一节　学习指导

一、学习目标

1. 了解制造成本与非制造成本的含义及区别。
2. 了解相关成本与非相关成本的含义及其表现形式。
3. 了解成本性态的含义、变动成本与固定成本的含义及联系。
4. 掌握混合成本的分类及分解方法。

二、学习重点

本章的重点是了解成本按经济用途分类、按性态分类和按与决策是否相关分类的意义，为理解和把握管理会计理论、内容、方法体系奠定基础；理解固定成本、变动成本和混合成本的含义特点、分类和相关范围，为以后相关章节的学习及混合成本的分解奠定基础；掌握混合成本分解方法高低点法、回归分析法的基本原理和优缺点，并能结合具体项目进行混合成本分解。

三、学习难点

根据"不同目的、不同成本"的需要，理解不同成本分类方法下不同成本概念的区别、联系及其应用环境，特别是理解变动成本、固定成本与混合成本之间的区别。

第二节　练习题

一、名词解释

1. 变动成本　　　　2. 半变动成本　　　　3. 半固定成本

4. 固定成本　　　　　5. 混合成本　　　　　6. 相关成本

7. 非相关成本　　　　8. 变动成本的相关范围

二、判断题

1. 间接人工是指间接服务于产品生产的人工成本，不能直接追溯到特定产品的人工成本，如车间管理人员的工资。（　　）

2. 固定成本是指其总额在一定期间、一定业务量范围内保持固定不变的成本。（　　）

3. 在相关范围内，固定成本总额和单位变动成本均保持不变。（　　）

4. 酌量性固定成本的大小主要取决于管理当局的决定，它对企业的竞争力没太大影响，因此，在进行成本控制时应尽量缩减其总量。（　　）

5. 在相关范围内，酌量性和约束性固定成本均与企业的业务量水平没有直接关系。（　　）

6. 相关成本是对决策有影响的未来成本。（　　）

7. 相关范围内，机器设备租赁费属于酌量性成本。（　　）

8. 在运用高低点法过程中，应该根据成本最高点和成本最低点选择出高低点。（　　）

9. 在相关范围内，单位变动成本总是随着业务量的变化而正比例变动。（　　）

10. 半固定成本是通常有成本基数，在基数基础之上随业务量的变化而正比例变化。（　　）

三、单项选择题

1. 在管理会计中，成本的相关性是指（　　）。

A. 与成本对象有关的特性　　　　B. 与成本控制标准有关的特性

C. 与资产价值有关的成本特性　　D. 与决策有关的成本特性

2. 按管理会计的解释，狭义相关范围是指（　　）。

A. 成本的变动范围　　　　　　　B. 时间的变动范围

C. 业务量的变动范围　　　　　　D. 市场容量的变动范围

3. 阶梯式混合成本通常又称为（　　）。

A. 延伸变动成本　　　　　　　　B. 半变动式成本

C. 半固定式成本　　　　　　　　D. 曲线式成本

4. 在混合成本分解的具体应用方法中，计算结果最为精确的方法是（　　）。

A. 回归直线法　　　　　　　　　B. 账户分析法

C. 高低点法　　　　　　　　　　D. 直接分析法

5. 将全部成本分为固定成本、变动成本和混合成本所采用的分类标志是（   ）。

　A. 成本的目标　　　　　　　　　　B. 成本的内容

　C. 成本的性态　　　　　　　　　　D. 成本的经济用途

6. 下列费用中属于酌量性固定成本的是（   ）。

　A. 企业技术研发费　　　　　　　　B. 机器设备租金

　C. 行政管理人员的薪酬　　　　　　D. 厂房租金

7. 下列费用中属于约束性固定成本的是（   ）。

　A. 产品广告宣传费　　　　　　　　B. 企业照明用电费

　C. 企业职工教育培训费　　　　　　D. 销售部业务招待费

8. 某企业每一位质检员月工资是 7 000 元，最多检验 2 000 件产品，如果检验产品超过 2 000 件、不超过 4 000 件也必须增加一位质检员，以此类推，那么，该质检员的工资成本属于（   ）。

　A. 半变动成本　　　　　　　　　　B. 半固定成本

　C. 延伸变动成本　　　　　　　　　D. 变动成本

9. 在管理会计中，为了排除业务量因素的影响，通常用来反映变动成本水平的指标是（   ）。

　A. 变动成本总额　　　　　　　　　B. 变动成本率

　C. 变动成本的总额与单位额　　　　D. 单位变动成本

10. 在应用高低点法进行成本性态分析时，选择低点坐标的依据是（   ）。

　A. 最低的业务量　　　　　　　　　B. 最低的成本

　C. 最低的业务量和最低的成本　　　D. 最低的业务量或最低的成本

11. 某企业采用计时工资制，在正常工作时间内的员工工资总额固定不变；但当员工的工作时间超过正常工作时间，企业应按规定支付加班工资，且加班工资的多少与加班时间的长短呈正比例关系。那么，该企业的工资成本属于（   ）。

　A. 变动成本　　　　　　　　　　　B. 延伸变动成本

　C. 半变动成本　　　　　　　　　　D. 半固定成本

四、多项选择题

1. 下列费用中，属于约束性固定成本的有（   ）。

　A. 厂房折旧费　　　　　　　　　　B. 企业广告费

　C. 财产保险费　　　　　　　　　　D. 机器设备租金

2. 在相关范围内均保持固定不变的有（   ）。

　A. 固定成本总额　　　　　　　　　B. 单位产品固定成本

　C. 单位变动成本　　　　　　　　　D. 变动成本总额

3. 企业进行成本性态分析时，属于混合成本的分解方法有（   ）。

A. 高低点法   B. 回归分析法

C. 散布图法   D. 账户分析法

4. 在相关范围内，会随业务量变化而变化的有（   ）。

A. 变动成本总额   B. 单位产品固定成本

C. 固定成本总额   D. 单位变动成本

5. 酌量性固定成本包括（   ）。

A. 企业广告费   B. 固定资产折旧

C. 企业照明用电   D. 管理人员奖金

6. 采用高低点法分解混合成本时，应当选择（   ）作为低点和高点。

A.（业务量 50，成本 100）   B.（业务量 60，成本 120）

C.（业务量 30，成本 120）   D.（业务量 70，成本 130）

7. 混合成本通常可以分为（   ）。

A. 非制造成本   B. 半固定成本

C. 半变动成本   D. 延伸变动成本

8. 下列各项中，属变动成本特征的有（   ）。

A. 在相关范围内，其成本总额不受产量增减变动的影响

B. 在相关范围内，其成本总额随着产量变动而变动

C. 在相关范围内，其单位产品成本保持不变

D. 成本总额的变动与产量的变动不保持严格的比例

9. 下列描述符合固定成本特征的有（   ）。

A. 固定成本总是不随业务量的变动而变动

B. 相关范围内，随着产量的上升，单位固定成本会下降

C. 随着产量的上升，单位固定成本保持不变

D. 固定成本总额是针对某一相关范围内而言的固定

10. 按成本性态分析，管理会计将成本分为（   ）。

A. 变动成本   B. 固定成本   C. 制造成本   D. 混合成本

五、简答题

1. 阐述成本按其性态分类及其主要特点。

2. 阐述高低点法分解混合成本的基本原理和应注意的问题。

六、计算与核算题

1. 红旗家电制造厂生产的产品 1 ~ 6 月份的产量及成本资料如表 2 – 1 所示。

表 2 – 1　　　　　　　　　　　　1~6 月份的产量及成本资料

项目	1 月	2 月	3 月	4 月	5 月	6 月
产量（件）	80	84	90	86	92	100
总成本（元）	10 560	10 920	11 520	11 160	11 760	12 600

要求：

（1）采用高低点法进行成本性态分析；

（2）采用回归直线法进行成本性态分析。

2. 某公司 2×21 年 2~3 月份石油勘探业务部门的维修资料如表 2 – 2 所示。

表 2 – 2　　　　　　　　　2~3 月份石油勘探业务部门的维修资料

项目	2 月	3 月
维修时间（小时）	400	600
维修费用（元）	7 200	9 000

2 月份的维修费用详细清单如表 2 – 3 所示。

表 2 – 3　　　　　　　　2 月份石油勘探业务部门的维修费用资料

项目	费用（元）
勘探设备租金（固定）	3 000
勘探设备维修配件成本（变动）	1 200
工资费用（混合）	3 000
合计	7 200

要求：

（1）计算 3 月份维修配件成本；

（2）计算 3 月份工资费用；

（3）计算维修部门的固定费用；

（4）建立维修部门维修费用的计算公式；

（5）如果该部门 4 月份的维修时间是 500 小时，那么部门的总维修费用是多少？

七、案例分析题

红旗电器厂主要产品销售业绩下滑，在不影响企业正常运营的情况下，在控制成本方面，企业管理者需要考虑哪些成本应该削减或者完全取消？红旗电器厂的成本资料如表 2 – 4 所示。请问红旗电器厂可以削减或者取消哪些成本？你将给红旗电器厂管理者怎样的削减成本的建议？

表 2 – 4   红旗电器厂成本资料

成本项目	金额（元）
企业研发费	1 000 000
企业抵押贷款利息费	200 000
企业财产保险费	150 000
企业宣传广告费	50 000
企业固定资产折旧费	320 000
企业员工培训费	80 000
企业管理者薪酬	500 000
合计	2 300 000

第三节　习题参考答案

一、名词解释

1. 变动成本是指在一定时期和一定业务量范围内，成本总额随着业务量的变动而呈正比例变动的成本。

2. 半变动成本是指在一定初始基数的基础上随着产量的变动而呈正比例变动的成本。这些成本的特点是：它通常有一个初始量（即基数），一般不变，类似固定成本；在这个基础上，随着产量增加，成本也会呈正比例增加，这一部分又类似变动成本。

3. 半固定成本又称阶梯式成本。这类混合成本在一定业务量范围内其发生额是固定的，当业务量增加到一定限额，其发生额就突然跳跃到一个新的水平，然后在业务量增长的一定限度内，其发生额就保持不变，直到另一个新的跳跃为止。

4. 固定成本是指成本总额在一定时期和一定业务量范围内，不受业务量增减变动影响保持不变的成本。

5. 混合成本是指同时兼有固定成本和变动成本两种特性的成本。

6. 相关成本是指与特定决策有直接关联的成本。其基本特点是：第一，相关成本是一种未来成本；第二，相关成本是一种有差别的未来成本。

7. 非相关成本是指与决策没有直接关联的成本。非相关成本的表现形式主要有沉没成本、不可避免成本、不可延缓成本和共同成本等。

8. 从时间范围看，即使业务量保持不变，随着时间的推移，由于客观条件的变化，例如价格波动等原因，单位产品成本也会发生改变。

从业务量范围看，通常在产量较低时，随着产量逐渐增加，材料利用更加充分，大批量采购价款优惠，工人的作业安排更加合理，所以起初单位成本逐渐降低。当产量达到一定水平时，继续提高产量，单位成本基本不变并保持在同一水平。但当产量增加到一定水平时，由于需支付工人加班加点的工资，单位成本反而会逐渐增高。

二、判断题

1. √ 2. √ 3. √ 4. × 5. √ 6. √ 7. × 8. × 9. × 10. ×

三、单项选择题

1. D 2. C 3. C 4. A 5. C 6. A 7. B 8. B 9. D 10. A 11. B

四、多项选择题

1. ACD 2. AC 3. ABCD 4. AB 5. AD 6. CD 7. BCD 8. BC 9. BD
10. ABD

五、简答题

1. 阐述成本按其性态分类及其主要特点。

答：成本按性态分类分为变动成本、固定成本及混合成本。变动成本是指在一定时期和一定业务量范围内，成本总额随着业务量的变动而呈正比例变动的那部分成本。

变动成本的主要特点是：（1）在一定时期和一定业务量的相关范围内，其成本总额随着业务量的增减呈正比例增减；（2）从产品的单位成本来看，它却不受业务量变动的影响，其数额始终保持在某一特定的水平不变。

固定成本是指成本总额在一定时期和一定业务量范围内，不受业务量增减变动影响而保持不变的成本。固定成本的主要特点是：（1）在一定时期和一定业务量的相关范围内，成本总额不受业务量增减变动的影响；（2）但从单位产品所分摊的固定成本看，它却随着产量的增减呈反比例变动。

混合成本同时兼有变动成本和固定成本两种不同的性质，根据成本项目发生具体情况的不同，混合成本可以分为半变动成本、半固定成本、延伸变动成本。

2. 阐述高低点法分解混合成本的基本原理和应注意的问题。

答：采用高低点法分解混合成本时，其基本做法是以某一期间内最高业务量的混合成本值（即高点）与最低业务量的混合成本值（即低点）的差数，除以最高业务量与最低业务量的差数，从而确定了单位业务量的变动成本额，进而确定和分解混合成本中的变动成本部分和固定成本部分。

运用高低点法分解混合成本应注意两个问题：第一，高点和低点的业务量为该项混合成本相关范围的两个极点，超出这个范围则不一定适用在这个范围得出数学模型；第二，高低点法依据高点和低点确定成本曲线，并不能完成拟合其他成本数据点，势必会造成一些偏差，对未来成本预计产生影响。

六、计算与核算题

1. 解：（1）高低点法。

①从表中找出最高点和最低点，如表 2-5 所示。

表 2-5   高低点资料

项目	产量（件）x	总成本（元）y
最高点	100	12 600
最低点	80	10 560

②计算 $y = a + bx$ 中的 a，b 值：

$b = (12\ 600 - 10\ 560)/(100 - 80) = 102$（元/件）

将 b 代入高点：

$12\ 600 = a + 102 \times 100$

$\qquad a = 2\ 400$

或将 b 代入低点：

$10\ 560 = a + 102 \times 80$

$\qquad a = 2\ 400$

③将 a，b 值代入 $y = a + bx$ 中，则成本性态模型为：

$y = 2\ 400 + 102x$

这个模型说明单位变动成本为 102 元，固定成本总额为 2 400 元。

（2）回归直线法。

根据最小平方法原理，应用以下公式，求解 $y = a + bx$ 中的 a，b 两个参数：

$b = (n\sum xy - \sum x \sum y)/[n\sum x^2 - (\sum x)^2]$

$a = (\sum y - b\sum x)/n$

根据已知资料计算 $\sum x$、$\sum y$、$\sum x \sum y$、$\sum x^2$，具体结果如表 2-6 所示。

表 2-6   回归分析数据

月份	产量 x	混合成本 y	xy	x^2
1	80	10 560	844 800	6 400
2	84	10 920	917 280	7 056

续表

月份	产量 x	混合成本 y	xy	x^2
3	90	11 520	1 036 800	8 100
4	86	11 160	959 760	7 396
5	92	11 760	1 081 920	8 464
6	100	12 600	1 260 000	10 000
n = 6	$\sum x = 532$	$\sum y = 68\ 520$	$\sum xy = 6\ 100\ 560$	$\sum x^2 = 47\ 416$

$b = (6 \times 6\ 100\ 560 - 532 \times 68\ 520)/(6 \times 47\ 416 - 532^2)$

$\quad = 102.39$（元）

$a = (68\ 520 - 102.39 \times 532)/6$

$\quad = 2\ 341.42$（元）

则成本性态模型为：

$y = 2\ 341.42 + 102.39x$

2. 解：

（1）3 月维修配件成本为变动成本

每小时维修配件成本 = 1 200 ÷ 400 = 3（元/小时）

3 月份的维修配件成本 = 3 × 600 = 1 800（元）

（2）由于租金 3 000 元是固定成本，则 3 月份工资费用：

9 000 - 3 000 - 1 800 = 4 200（元）

（3）分解混合成本工资费用如下：

工资费用的变动成本 = (4 200 - 3 000) ÷ (600 - 400) = 6（元/小时）

工资费用的固定成本 = 4 200 - 600 × 6 = 600（元）

维修部门的固定成本 = 3 000 + 600 = 3 600（元）

（4）维修部门的单位变动成本 = 3 + 6 = 9（元/小时）

则维修部门维修费用的计算公式：$y = 3\ 600 + 9x$

（5）4 月份维修部门的维修费用 = 3 600 + 9 × 500 = 8 100（元）

七、案例分析题

解：根据成本项目特点，对成本项目进行分类，将成本项目分为酌量性固定成本和约束性固定成本，见表 2 - 7，为了维持红旗电器厂现有规模正常运作，约束性固定成本一般不削减，红旗电器厂管理者可考虑削减或取消酌量性固定成本，如果取消所有的酌量性固定成本，将给企业结余 113 万元，但如果完成取消酌量性固定成本，可能同时削弱企业未来的竞争能力，也会影响企业的长远发展，建议管理者要紧密结合企业发展情况，谨慎考虑削减或取消相应的酌量性固定成本。

表 2 - 7   红旗电器厂成本项目信息

成本项目	金额（元）
酌量性固定成本：	
企业研发费	1 000 000
企业宣传广告费	50 000
企业员工培训费	80 000
酌量性固定成本总额	1 130 000
约束性固定成本：	
企业抵押贷款利息费	200 000
企业财产保险费	150 000
企业固定资产折旧费	320 000
企业管理者薪酬	500 000
约束性固定成本总额	1 170 000

第四节　教材习题参考答案

一、思考题

1. 阐述制造成本和非制造成本的区别。

答：（1）制造成本包括直接材料成本、直接人工成本、制造费用三项，构成产品成本。直接材料成本是指能够直接追溯到每个产品上，并构成产品实体的材料成本；直接人工成本是指能够直接追溯到每个产品上的人工成本；制造费用是指除直接材料成本和直接人工成本以外的所有制造成本。

（2）非制造成本也称为期间费用，包括销售成本和管理成本，通常分为管理费用、销售费用和财务费用，它们不构成产品成本。管理费用指企业管理部门因管理本组织和提供员工支持而发生的办公和管理费用；销售费用指企业为销售产品或专设销售机构而发生的各项费用；财务费用是企业筹集或使用资金过程中发生的各项费用。

2. 阐述变动成本和固定成本的含义，并举例说明。

答：（1）固定成本是指其总额在一定期间和一定业务量范围内，不受业务量变动的影响而保持不变的成本。行政管理人员的工资、办公费、财产保险费、按直线法计提的固定资产折旧费、职工教育培训费等，均属于固定成本。固定成本总额不受业务总量变动的影响而固定不变，但单位业务量所负担的固定成本直接受业务总量变动的影响，随业务总量的增加而减少。

（2）变动成本是在一定的期间和一定业务量范围内其总额随着业务量的变动而呈

正比例变动的成本。如按产量计酬的工人薪金、按销售收入的一定比例计算的销售佣金、企业生产产品的直接物耗成本（直接材料成本）等。单位变动成本不受业务量变动的影响而固定不变，但变动成本总额受业务总量变动的影响，随业务总量的增加而增加。

二、本章练习题

1. 成本项目的区分如下：（1）制造成本；（2）非制造成本；（3）非制造成本；（4）制造成本；（5）制造成本；（6）非制造成本；（7）制造成本。

2. 成本项目的区分如下：（1）固定成本；（2）固定成本；（3）变动成本；（4）变动成本；（5）变动成本；（6）固定成本；（7）固定成本。

3. 依题意，选择的最高低点分别为（31，84 560）和（25，71 000）。

$$b = \frac{\Delta y}{\Delta x} = \frac{y_1 - y_2}{x_1 - x_2} = \frac{84\ 560 - 71\ 000}{31 - 25} = 2\ 260 \text{（元／件）}$$

$$a = 84\ 560 - 31 \times 2\ 260 = 14\ 500 \text{（元）}$$

因此，固定成本总额为 14 500 元，变动成本为 2 260 元。

4. 从资料中可以看到总成本随着验收配件数量的增长而增长，但总成本的增加并不与验收配件数量呈正比增长，因为总成本包括设备成本和燃料成本，设备成本在业务量 20 000 ~ 60 000 个之间都是固定的，所以在相关范围内，设备成本是固定成本，而燃料成本随着业务量变化而正比例变化，是变动成本。因此，验收配件的总成本是混合成本。

成本变动比较大的原因是当验收部件数量从 20 000 个增长到 30 000 个，也就是增长 50% 时，变动成本增长 50%，但是总成本增长没达到 50%，这是因为固定成本没有改变；而验收配件的单位成本却不断下降是由于固定成本的分摊引起的，也就是随着验收配件数量的增加，单位固定成本下降。例如，当验收数量从 20 000 个上升到 30 000 个时，单位固定成本从 4.5 元（98 000/20 000）下降到 3 元（90 000/30 000），单位燃料成本始终保持 0.4 元不变。受单位固定成本的影响，单位配件成本从 4.9 元降到 3.4 元。

第三章　变动成本法

第一节　学习指导

一、学习目标

1. 理解完全成本法和变动成本法的含义及区别。
2. 掌握完全成本法和变动成本法下利润表的编制。
3. 掌握完全成本法和变动成本法下分期营业利润差额的变动规律。
4. 掌握变动成本法的利弊。
5. 了解变动成本法的应用。

二、学习重点

完全成本法也称为全部成本法、吸收成本法，该方法按照成本的经济用途将产品成本划分为生产成本和非生产成本。产品的生产成本包括直接材料、直接人工、制造费用（包括变动制造费用和固定制造费用）。非生产成本包括销售费用、管理费用和财务费用。非生产成本作为期间费用进行处理，不计入产品成本。在完全成本法下，单位产品成本受产量的直接影响，产量越大，单位产品成本越低，能刺激企业提高产品生产的积极性。但该方法不利于成本管理和企业的短期决策。

变动成本法也称为直接成本法、边际成本法。变动成本法以成本性态分析为基础，把全部成本划分为变动成本和固定成本两大部分。在这种方法下，产品成本只包括直接材料、直接人工和变动制造费用，即变动生产成本。该方法将固定生产成本作为期间成本，并按贡献式损益确定程序计算损益。在该方法下，期末存货成本只包括变动生产成本，因此变动成本法下的在产品和产成品存货估价必然低于完全成本法下的存货估价。

表 3 - 1 总结了变动成本法与完全成本法的区别。

表 3－1　　　　　　　　　　　　变动成本法与完全成本法的区别

项　目	变动成本法	完全成本法
前提条件	以成本性态分析为前提	以成本按其发生的领域或经济用途分类为前提
产品成本	变动生产成本（直接材料、直接人工、变动制造费用）	全部生产成本（直接材料、直接人工、制造费用）
期间成本	（1）变动非生产成本（变动销售费用、变动管理费用） （2）固定成本：固定生产成本（固定制造费用）、固定非生产成本（固定销售费用、固定管理费用、固定财务费用）	非生产成本：销售费用、管理费用、财务费用
存货成本	变动生产成本（直接材料、直接人工、变动制造费用）	全部生产成本（直接材料、直接人工、制造费用）
提供信息的目的	满足企业的经营预测与决策，加强企业内部控制	满足企业对外提供财务报表的需要
损益确定程序/利润表格式	（1）营业收入 （2）减：变动成本（变动生产成本及变动非生产成本） （3）边际贡献 （4）减：固定成本（固定制造费用及固定非生产成本） （5）税前利润	（1）营业收入 （2）减：营业成本（全部生产成本） （3）营业毛利 （4）减：期间费用（全部非生产成本） （5）税前利润

三、学习难点

1. 完全成本法和变动成本法下分期营业利润差额的变动规律。当产量等于销量且期初没有存货时，在完全成本法下，产品产生的所有生产成本（变动生产成本和固定生产成本）均作为产品的销售成本结转当期损益；而在变动成本法下，产品产生的所有变动生产成本也会随着销售结转出去，固定制造费用作为期间费用抵减当期损益。这两种方法下，产品的所有生产成本都进入了利润表，期间损益相同。区别只在于固定制造费用是作为销售成本（完全成本法）还是作为期间费用（变动成本法）进入利润表。

当产量大于销量时，变动成本法下，当年的全部固定制造费用全部计入当期损益；而在完全成本法下，只将已销售的产品所吸收的固定制造费用计入当期损益，剩下的固定制造费用则计入当期存货成本，递延至下期。因此，完全成本法计算的税前利润大于变动成本法计算的税前利润。利润差额就是当期生产但未销售出去的存货吸收的固定制造费用金额。

当产量小于销量时，变动成本法下，进入当期损益的固定制造费用仍然是当期的全部固定制造费用；而在完全成本法下，进入当期损益的固定制造费用除了当期的固定制造费用，还有本期销售的期初存货吸收的固定制造费用。因此，变动成本法计算的税前利润大于完全成本法计算的税前利润。两种方法下利润的差额就是本期销售中期初存货吸收的固定制造费用。

需要注意的是，不同的成本流动假设对期末存货定价也会产生影响，从而影响两种方法的税前利润的差异。

从长期来看，两种方法确定的税前利润总额是相等的。这是因为从长期来看，企业的各种成本无论是变动成本还是固定成本，都将计入各期费用，两种方法对税前利润的影响只是体现在税前利润在各期的分布有所不同，但长期利润总额相等。

两种成本法下分期营业利润差额可以通过计算公式作进一步说明。

完全成本法损益计算的基本公式为：

营业利润 = 销售收入 − 销售成本 − 非生产成本

= 销售收入 −（销售产品变动生产成本 + 销售产品固定制造费用）

−（当期全部变动非生产成本 + 当期全部固定非生产成本）　　　　（3−1）

变动成本法损益计算的基本公式为：

营业利润 = 销售收入 − 变动成本 − 固定成本

= 销售收入 −（销售产品变动生产成本 + 当期全部变动非生产成本）

−（当期全部固定制造费用 + 当期全部固定非生产成本）　　　　（3−2）

用式（3−1）减去式（3−2），可以得到：

两种成本法下营业利润差额

= 当期全部固定制造费用 − 销售产品的固定制造费用

= 当期全部固定制造费用 −（期初存货中固定制造费用 + 当期全部固定制造费用 − 期末存货中固定制造费用）

= 期末存货中固定制造费用 − 期初存货中固定制造费用

= 期末存货数量 × 本期单位产品固定制造费用 − 期初存货数量 × 上期单位产品固定制造费用　　　　（3−3）

进一步假设，如果前后各期产量相同、成本水平不变，即按照完全成本法计算的单位产品成本相同，则式（3−3）可以进一步简化为：

两种成本法下的营业利润差额

=（期末存货数量 − 期初存货数量）× 单位产品固定制造费用　　　　（3−4）

2. 变动成本法的优缺点。

优点：

（1）营业利润随销售量的增加或减少而升降，这是企业经理人员所想要的会计信息。

（2）便于进行本量利分析，有利于销售预测。变动成本法的基本理论和程序揭示了成本、业务量、利润之间的内在关系。

（3）有利于促使企业管理当局重视销售，防止盲目生产。

（4）有利于短期经营决策。

（5）有利于编制弹性预算。弹性预算实际上是根据变动成本法的原理编制的，在企业采取以销定产，可以随业务量的变化而机动地调整，具有弹性。

（6）有利于成本控制和业绩考核。

（7）有利于产品成本的计算工作。

缺点：

（1）不符合传统的成本概念。依照传统观点，不论固定成本还是变动成本都要计入产品成本。

（2）不能适应长期决策的需要。变动成本法对短期经营决策有明显的作用，但不适合长期决策。

（3）成本分解不够精确。将成本划分为固定成本和变动成本在很大程度上是假设的结果，不是一种精确的计算。

第二节　练习题

一、名词解释

1. 变动成本法　　　　　　2. 完全成本法

二、判断题

1. 变动成本计算不符合传统的成本概念的要求。（　）

2. 在变动成本法下，产品成本不受固定成本和产量的影响，而取决于各项变动费用支出的多少。（　）

3. 导致变动成本法与完全成本法分期营业利润出现差异的原因，就在于它们对变动性生产成本的处理采取了不同的方式。（　）

4. 成本按习性分类是变动成本法应用的前提条件。（　）

5. 假设期初、期末的存货皆为零，则按完全成本法确定的税前利润与按变动成本法确定的税前利润相等。（　）

6. 通常情况下，变动成本法计算出来的产品成本比较全面。（　）

7. 采用完全成本法，有助于促使企业以销定产，减少或避免因盲目生产而带来的损失。　　　　　　　　　　　　　　　　　　　　　　　　　（　　）

8. 当条件满足时，由变动成本法下的税前利润调整可得到完全成本法下的税前利润。　　　　　　　　　　　　　　　　　　　　　　　　　　（　　）

9. 成本按经济用途分类，是财务会计按完全成本法进行成本核算的基础。（　　）

10. 变动成本法推动企业重视生产。　　　　　　　　　　　　　　（　　）

三、单项选择题

1. 在变动成本法下，期末存货成本包括（　　）。

A. 制造成本　　　　　　　　　　　B. 变动成本

C. 变动生产成本　　　　　　　　　D. 固定生产成本

2. 变动成本法与完全成本法下，产品成本都包括（　　）。

A. 直接材料、直接人工和直接费用　B. 直接材料、直接人工和制造费用

C. 固定性制造费用　　　　　　　　D. 变动性制造费用

3. 在相同成本原始资料条件下，变动成本法计算下的单位产品成本比完全成本法计算下的单位产品成本（　　）。

A. 相同　　　　B. 小　　　　C. 大　　　　D. 无法确定

4. 某企业 2018 年按变动成本法计算的营业利润为 29 000 元，假定 2019 年销量与 2018 年相同，产品单价及成本水平都不变，但产量有所提高，则该年按变动成本法计算的营业利润为（　　）元。

A. 必然大于 29 000　　　　　　　B. 必然等于 29 000

C. 必然小于 29 000　　　　　　　D. 可能等于 29 000

5. 某企业只生产一种产品，本月份生产并销售产品 110 件，单位产品售价 1 000 元；发生的变动生产成本 30 000 元，变动管理费用和变动销售费用 2 080 元，固定性制造费用 10 000 元，固定非生产成本 40 000 元。则按照变动成本法计算，该企业实现的利润总额为（　　）元。

A. 80 000　　　B. 27 920　　　C. 77 920　　　D. 28 000

6. 若某一企业连续 3 年按变动成本法计算的营业利润分别为 20 000 元、22 000 元和 21 000 元，则下列表述中正确的是（　　）。

A. 第三年的销量最小　　　　　　B. 第二年的销量最大

C. 第一年的产量比第二年少　　　D. 第二年的产量比第三年多

7. 使得完全成本法确定的税前利润与按变动成本法所确定的税前利润相等的情况是（　　）。

A. 产销平衡的情况　　　　　　　B. 产销不平衡的情况

C. 本期生产量大于销售量时　　　D. 本期生产量小于销售量时

根据下列信息回答第 8 ~ 10 题。

在某公司运营的第一年，公司的相关信息如表 3 - 2 所示，该公司期末无在产品。

表 3 - 2　　　　　　　　　　　某公司产销量及成本信息

产量（件）	20 000
销量（件）	18 000
直接材料（元）	80 000
直接人工（元）	150 000
固定制造费用（元）	50 000
变动制造费用（元）	50 000

8. 如果采用完全成本法，该公司期末产成品的成本为（　　）元。

A. 33 000　　　　　　　　　　　　B. 66 000

C. 23 000　　　　　　　　　　　　D. 28 000

9. 如果采用变动成本法，该公司期末存货成本为（　　）元。

A. 33 000　　　　　　　　　　　　B. 66 000

C. 23 000　　　　　　　　　　　　D. 28 000

10. 采用变动成本法计算的该公司的税前利润比采用完全成本法计算的税前利润为（　　）元。

A. 高 10 000　　　　　　　　　　　B. 低 5 000

C. 高 5 000　　　　　　　　　　　　D. 低 10 000

四、多项选择题

1. 下列项目中，能够列入变动成本法下产品成本的有（　　）。

A. 直接材料　　　　　　　　　　　B. 直接人工

C. 变动性制造费用　　　　　　　　D. 固定性制造费用

2. 变动成本法的优点包括（　　）。

A. 能够促使企业重视市场，以销定产

B. 便于简化成本核算

C. 便于强化成本分析控制，促进成本降低

D. 能够适应长期决策的需要

3. 变动成本法与完全成本法的区别表现在（　　）。

A. 产品成本的构成内容不同　　　　B. 期间成本的构成内容不同

C. 存货成本的构成内容不同　　　　D. 提供信息的目的不同

4. 采用变动成本法与采用完全成本法的处理相同的项目包括（　　　）。

A. 管理费用　　　　　　　　　　B. 销售费用

C. 固定性制造费用　　　　　　　D. 变动性制造费用

5. 下列对完全成本法与变动成本法下各期损益的比较中，正确的有（　　　）。

A. 完全成本法下的利润与变动成本法下的利润无法比较

B. 产量小于销量时，则变动成本法计算的利润小于按完全成本法计算的利润

C. 当产量大于销量，无期初存货时，则变动成本法下计算的利润小于按完全成本法计算的利润

D. 当产量小于销量时，则变动成本法计算的利润大于按完全成本法计算的利润

五、简答题

1. 变动成本法的优缺点是什么？

2. 从产销量的关系上看，完全成本法与变动成本法下计算的分期损益呈现什么样的变化规律？

六、计算与核算题

1. 某企业本期有关成本资料如下：单位直接材料成本为 20 元，单位直接人工成本为 10 元，单位变动性制造费用为 11 元，固定性制造费用总额为 6 000 元，单位变动性销售管理费用为 4 元，固定性销售管理费用为 2 000 元。期初存货量为 0，本期产量为 1 200 件，销量为 800 件，单位售价为 85 元。

要求：分别按完全成本法和变动成本法的有关公式计算下列指标。

（1）单位产品成本；

（2）期间成本；

（3）销货成本；

（4）营业利润。

2. 某厂只生产一种产品，第一、二年的产量分别为 40 000 件和 36 000 件，销售量分别为 30 000 件和 42 000 件；存货计价采用先进先出法。产品单价为 15 元/件，单位变动生产成本为 5 元/件；每年固定性制造费用的发生额为 180 000 元。销售及管理费用都是固定性的，每年发生额为 28 000 元。

要求：分别采用两种成本计算方法确定第一、第二年的营业利润（编制利润表）。

3. 某厂生产甲产品，产品单位为 25 元/件，单位产品变动生产成本为 12 元，每期固定性制造费用总额为 15 000 元，固定销售及管理费用为 4 500 元，单位变动销售费用为 1.5 元，存货按先进先出法计价，最近三年的产销量资料如表 3 - 3 所示。

表 3 – 3　　　　　　　　　　　　产销量资料　　　　　　　　　　　　单位：件

项目	第一年	第二年	第三年
期初存货量	0	0	1 000
本期生产量	5 000	5 000	5 000
本期销售量	5 000	4 000	5 000
期末存货量	0	1 000	1 000

要求：

（1）分别按变动成本法和完全成本法计算单位产品成本；

（2）分别按变动成本法和完全成本法计算期末存货成本；

（3）分别按变动成本法和完全成本法计算期初存货成本；

（4）分别按变动成本法和完全成本法计算各年营业利润（编制利润表）；

（5）用差额简算法验证完全成本法下的各年利润。

七、案例分析题

1. 华生工艺制品有限公司新任销售副总经理李杰通过研究 7 月份的损益表发现：7 月份的销售收入明显高于 6 月份，但是利润总额却低于 6 月份。李杰确信，公司产品的销售毛利在 7 月份并不会减少，因而他认为 7 月份的损益表一定有错误。

对此，公司的会计主任的解释是：7 月份的产量因为员工休假而低于正常产量，这导致已销售产品中的制造成本产生较大的不利数量差异，其幅度超过销售增长带来的毛利增长。李杰了解一点会计知识，发现这一解释是难以理解的。他不能理解为什么会计部门不能提供一张能真正反映公司经济情况的利润表，而在他以前供职的公司，当销售增长时，利润也会增长。会计主任告诉他，如果采用变动成本法计算，就会改变这种情况。为此，会计主任重新编制了 6 月份与 7 月份的利润表，如表 3 – 4 所示。

表 3 – 4　　　　　　　　　　　　变动成本法的效果　　　　　　　　　　　　单位：元

项目	6 月份		7 月份	
	完全成本法	变动成本法	完全成本法	变动成本法
销售收入	865 428	865 428	931 710	931 710
销售成本	483 149	337 756	585 547	363 377
贡献毛益	—	527 672	—	568 333
固定制造费用	—	192 883	—	192 883
销售与管理费用	301 250	301 250	310 351	310 351
利润总额	81 029	33 539	35 812	65 099
存货	1 680 291	1 170 203	1 583 817	1 103 016
留存收益	3 112 980	2 602 892	3 131 602	2 650 801

李杰很满意变动成本法的效果，他在主管会议上提议采用这种方法编制内部利润表。主管生产的副总经理也支持这项提议，认为这将减少分配固定制造费用给个别产品的时间消耗，而这些分配问题已引起了各车间主任与会计人员之间的争议。同时，因为变动成本法能将材料成本、直接人工成本和变动制造费用与固定制造费用分开，从而使管理部门成本控制工作得以改善与加强。

李杰也认为从比较每种产品的盈利能力角度看，新方法提供的贡献毛益数字比现行方法更有效，为说明这一点，他举出一个例子。完全成本法下，两种产品129号和243号的资料如表3－5所示。

表3－5　　　　　　　　基于完全成本法的129号和243号产品资料

产品	标准生产成本（元）	售价（元）	单位贡献毛益（元）	贡献毛益率（％）
129	2.54	4.34	1.80	41.47
243	3.05	5.89	2.84	48.22

因此，产品243号显然更值得销售。但若基于建议的变动成本法，则数据如表3－6所示。

表3－6　　　　　　　　基于变动成本法的129号和243号产品资料

产品	标准生产成本（元）	售价（元）	单位贡献毛益（元）	贡献毛益率（％）
129	1.38	4.34	2.96	68.20
243	2.37	5.89	3.52	59.76

这些数据清楚地表明，产品129号更为有利。

但财务主任强烈反对使用这种方法，他认为："如果使用这种方法，我们的营销结构将是销售高于变动成本的产品，那我们怎样支付固定成本？依据我38年来的经验，缺乏对长期成本的控制将会导致公司的破产。我反对任何对成本缺乏远见的提议。"

总经理深入考虑这项提议后也有些担心："如果采用现行方法，6月份与7月份的税前利润总和约为11 700元，但是若采用你们推荐的方法，仅有约99 000元。从工会与所得税的立场出发，我乐意降低我们报告的利润，但就股东与银行而言，这不是一个好主意。我也同意财务主任关于长期成本控制的意见。我认为我们应该推迟作出决定，直到完全理解该问题的所有含义。"

要求：对会议上关于变动成本法提议的两方观点进行评议，你会支持哪一方的观点？华生工艺制品有限公司应该采用变动成本法编制其每月的利润表吗？

2. 张杰奇是某公司家居部门的经理，该部门负责生产和销售室内家居用品，包括高档沙发、木质床、写字台和书柜等产品。其中，高档沙发是部门的主要获利产品，沙发销售的利润占到部门利润的90%以上。近年来，高档沙发市场竞争十分激烈，新厂商不断进入，产品也不断更新。张杰奇作为部门经理面对激烈的竞争感到了极大的压力。

面对激烈的竞争，公司去年对各部门经理的业绩考核方法进行了改革。由原来按照销售额考核调整为按各部门的营业利润进行考核。如果部门的营业利润上升 10%。则该部门经理就可以获得年度业绩奖金。上升越多，奖励也就越高。如果没有达到 10%，则只给予基本奖金。如果下降，则不给任何奖金。

针对这项考核方案，张杰奇对产品的销售不敢有任何的松懈。一方面，他加大促销力度，增加销售渠道，通过了解客户需求的变化灵活调整生产，取得了非常好的效果，当年销售增加了 20%，库存量从年初的 10 000 件下降到 2 000 件；另一方面，张杰奇通过对产品成本的积极控制，使得在产品不断优化的同时，单位产品的用料和人工成本以及固定成本总额（主要是折旧成本和生产设备的维护成本）基本保持不变。面对这样喜人的业绩，张杰奇自信能够获得该年度的业绩奖金。但是，当会计人员将当年的利润表报给张杰奇时，他几乎不敢相信自己的眼睛，当年利润出现了大幅度的下滑。

要求：讨论可能引起上述现象出现的原因有哪些？以这种利润作为业绩考核的指标是否合适呢？

第三节　习题参考答案

一、名词解释

1. 变动成本法也称为直接成本法、边际成本法。变动成本法以成本性态分析为基础，把全部成本划分为变动成本和固定成本两大部分。在这种方法下，产品成本只包括直接材料、直接人工和变动制造费用，即变动生产成本。该方法将固定生产成本作为期间成本，并按贡献式损益确定程序计算损益。在该方法下，期末存货成本只包括变动生产成本，因此变动成本法下的在产品和产成品存货估价必然低于完全成本法下的存货估价。

2. 完全成本法也称为全部成本法、吸收成本法，该方法按照成本的经济用途将产品成本划分为生产成本和非生产成本。产品的生产成本包括直接材料、直接人工、制造费用（包括变动制造费用和固定制造费用）。非生产成本包括销售费用、管理费用和财务费用。非生产成本作为期间费用进行处理，不计入产品成本。在完全成本法下，单位产品成本受产量的直接影响，产量越大，单位产品成本越低，能刺激企业提高产品生产的积极性。但该方法不利于成本管理和企业的短期决策。

二、判断题

1. √　2. √　3. ×　4. √　5. √　6. ×　7. ×　8. √　9. √　10. ×

三、单项选择题

1. C 2. D 3. B 4. B 5. B 6. B 7. A 8. A 9. D 10. B

四、多项选择题

1. ABC 2. ABC 3. ABCD 4. ABD 5. CD

五、简答题

1. 变动成本法的优缺点是什么?

答:变动成本法的优点包括:

(1)提供有用的管理信息,为企业预测前景、规划未来和正确决策服务;

(2)能够促进企业重视销售环节,防止盲目生产;

(3)便于分清各部门经济责任,有利于进行成本控制与业绩评价;

(4)能够简化成本计算,便于加强日常管理。

变动成本法的缺点包括:

(1)不能适应长期决策的需要;

(2)产品成本概念不符合公认的会计原则。

2. 从产销量的关系上看,完全成本法与变动成本法下计算的分期损益呈现什么样的变化规律?

答:完全成本法与变动成本法下计算的分期损益呈现如下变化规律:

(1)当产量等于销量时,变动成本法与完全成本法计算的税前利润相等。

(2)当产量大于销量时,完全成本法计算的税前利润大于变动成本法计算的税前利润。利润差额就是当期生产但未销售出去的存货吸收的固定制造费用金额。

(3)当产量小于销量时,变动成本法计算的税前利润大于完全成本法计算的税前利润。两种方法下利润的差额就是本期销售中期初存货吸收的固定制造费用。

六、计算与核算题

1. 解:

变动成本法:

(1)单位产品成本 $= 20 + 10 + 11 = 41$(元)

(2)期间成本 $= 6\,000 + 4 \times 800 + 2\,000 = 11\,200$(元)

(3)销货成本 $= 41 \times 800 = 32\,800$(元)

（4）贡献边际 $= 85 \times 800 - (41 \times 800 + 4 \times 800) = 32\,000$（元）

营业利润 $= 32\,000 - (6\,000 + 2\,000) = 24\,000$（元）

完全成本法：

（1）单位产品成本 $= 41 + 6\,000/1\,200 = 46$（元）

（2）期间成本 $= 4 \times 800 + 2\,000 = 5\,200$（元）

（3）销货成本 $= 46 \times 800 = 36\,800$（元）

（4）营业利润 $= 85 \times 800 - 36\,800 - 5\,200 = 26\,000$（元）

2. 解：

该公司贡献式利润表和传统式利润表如表 3-7、表 3-8 所示。

表 3-7　　　　　　　　　　　贡献式利润表　　　　　　　　　　　单位：元

项目	第一年	第二年
营业收入	450 000	630 000
变动成本	150 000	210 000
贡献边际	300 000	420 000
固定成本		
固定性制造费用	180 000	180 000
固定性销售及管理费用	28 000	28 000
固定成本合计	208 000	208 000
营业利润	92 000	212 000

表 3-8　　　　　　　　　　　传统式利润表　　　　　　　　　　　单位：元

项目	第一年	第二年
营业收入	450 000	630 000
营业成本		
期初存货成本	0	95 000
本期生产成本	380 000	360 000
期末存货成本	95 000	40 000
营业成本合计	285 000	415 000
营业毛利	165 000	215 000
营业费用	28 000	28 000
营业利润	137 000	187 000

3. 解：

（1）变动成本法（见表 3-9）：

表 3-9　　　　　　　基于变动成本法的单位产品成本计算　　　　　　　单位：元

项目	第一年	第二年	第三年
单位产品成本	12	12	12

完全成本法（见表 3 – 10）：

表 3 – 10　　　　　　　**基于完全成本法的单位产品成本计算**　　　　　　单位：元

项目	第一年	第二年	第三年
单位产品成本	12 + 15 000 ÷ 5 000 = 15	12 + 15 000 ÷ 5 000 = 15	12 + 15 000 ÷ 5 000 = 15

（2）变动成本法（见表 3 – 11）：

表 3 – 11　　　　　　　**基于变动成本法的期末存货成本计算**　　　　　　单位：元

项目	第一年	第二年	第三年
期末存货成本	0	12 × 1 000 = 12 000	12 × 1 000 = 12 000

完全成本法（见表 3 – 12）：

表 3 – 12　　　　　　　**基于完全成本法的期末存货成本计算**　　　　　　单位：元

项目	第一年	第二年	第三年
期末存货成本	0	15 × 1 000 = 15 000	15 × 1 000 = 15 000

（3）变动成本法（见表 3 – 13）：

表 3 – 13　　　　　　　**基于变动成本法的期初存货成本计算**　　　　　　单位：元

项目	第一年	第二年	第三年
期初存货成本	0	0	12 × 1 000 = 12 000

完全成本法（见表 3 – 14）：

表 3 – 14　　　　　　　**基于完全成本法的期初存货成本计算**　　　　　　单位：元

项目	第一年	第二年	第三年
期初存货成本	0	0	15 × 1 000 = 15 000

（4）变动成本法（见表 3 – 15）：

表 3 – 15　　　　　　　**基于变动成本法的贡献式利润表**　　　　　　单位：元

项目	第一年	第二年	第三年
营业收入	125 000	100 000	125 000
变动生产成本	60 000	48 000	60 000
变动非生产成本	7 500	6 000	7 500
贡献边际	57 500	46 000	57 500
固定成本	19 500	19 500	19 500
营业利润	38 000	26 500	38 000

完全成本法（见表 3 – 16）：

表 3 – 16　　　　　　　　基于完全成本法的传统式利润表　　　　　单位：元

项目	第一年	第二年	第三年
营业收入	125 000	100 000	125 000
营业成本	75 000	60 000	75 000
营业毛利	50 000	40 000	50 000
营业费用	12 000	10 500	12 000
营业利润	38 000	29 500	38 000

（5）利用简算法计算得：

通过公式可知，两种计算方法下营业利润差额

＝期末存货数量×本期单位产品固定制造费用－期初存货数量×上期单位产品固定制造费用

第一年营业利润差额＝0－0＝0（元），完全成本法与变动成本法营业利润相同。

第二年营业利润差额＝（15 000÷5 000）×1 000－0＝3 000（元），完全成本法下计算的营业利润＝变动成本法下计算的营业利润＋3 000

第三年营业利润差额＝（15 000÷5 000）×1 000－（15 000÷5 000）×1 000＝0（元），完全成本法下计算的营业利润＝变动成本法下计算的营业利润

经验证，结果是正确的。

七、案例分析题

解：

1. 本案例中，一方认为变动成本法能够用于编制内部利润表，能够对部门成本控制管理起到积极作用，且能帮助企业分析产品盈利情况。此外，变动成本法对企业所得税也有一定影响。另一方则认为，固定成本是需要企业慎重考虑的成本，对企业的长期成本进行控制，需要将固定成本纳入考虑范围。两方观点均有道理，基于变动成本法的优点，企业可将变动成本法运用于内部管理，编制内部损益报告。而对于对外报表，则采用完全成本法进行编制。

2. 本案例中，部门经理张杰奇通过努力，实现了销售量上升，库存下降，在单位产品变动成本和固定成本总额不变的情况下优化产品，但当年的利润却出现了大幅度的下滑，造成这种现象的原因可能是企业采用完全成本法进行利润表的编制，本期销售出去的期初存货当中携带上期固定制造费用，导致本期销货成本上升，最终导致本期利润出现下滑。以完全成本法计算利润数据作为业绩考核的指标就可能出现这种销量上升但是利润反而下降的反常情况。因此，在对管理人员进行内部考核时，采用变动成本法更合适。

第四节　教材习题参考答案

一、思考题

1. 什么是完全成本法？什么是变动成本法？

答：完全成本法是企业对外财务报告中使用的方法，该方法按照经济用途将产品成本划分为生产成本和非生产成本。产品生产成本包括直接材料、直接人工和制造费用，而非生产成本则作为期间成本处理。变动成本法则将成本划分为变动成本和固定成本两大部分，在这种方法下，产品成本包括直接材料、直接人工和变动制造费用，而固定制造费用作为期间成本，冲减本期利润。非生产成本同样作为期间成本处理。

2. 完全成本法和变动成本法有何不同？

答：完全成本法与变动成本法的不同主要体现在：（1）前提条件不同；（2）产品成本和期间成本不同；（3）存货成本不同；（4）提供信息的目的不同；（5）损益确定程序/利润表格式不同。

3. 完全成本法和变动成本法对税前利润计算有何不同？

答：变动成本法下，税前利润的计算过程是：

（1）营业收入

（2）减：变动成本（变动生产成本及变动非生产成本）

（3）边际贡献

（4）减：固定成本（固定制造费用及固定非生产成本）

（5）税前利润

完全成本法下，税前利润的计算过程是：

（1）营业收入

（2）减：营业成本（全部生产成本）

（3）营业毛利

（4）减：期间费用（全部非生产成本）

（5）税前利润

4. 如何理解不同成本方法计算下税前利润的差异？

答：完全成本法与变动成本法税前利润出现差异的主要原因在于两种成本法计入当期利润表的固定制造费用（即固定生产成本）产生了差异。这种差异又具体表现为完全成本法下期末存货吸收的固定制造费用与期初存货释放的固定制造费用之间的差额。因为在变动成本法下，计入当期利润表的是当期发生的全部固定制造费用；而在完全成本法下，计入当期利润表的固定制造费用的数额，不仅受到当期发生的全部固定制造费用水平的影响，还受到可能存在的期末存货和期初存货中包含的固定制造费用水平的影响。因此，在其他条件不变的前提下，只要某期完全成本法下期末存货吸收的固定制造费用与期初存货释放的固定制造费用不同，就意味着两种成本法计入当期利润表的固定制造费用的数额不同，一定会使两种成本法的当期税前利润不相等；如果某期完全成本法下期末存货吸收的固定制造费用与期初存货释放的固定制造费用相同，则意味着两种成本法计入当期利润表的固定制造费用的数额相等，一定会使两种成本法的当期税前利润相等。

5. 变动成本法有何优点？有何局限性？

答：变动成本法的优点：

（1）营业利润随销售量的增加或减少而升降，这是企业经理人员所想要的会计信息。

（2）便于进行本量利分析，有利于销售预测。变动成本法的基本理论和程序揭示了成本、业务量、利润之间的内在关系。

（3）有利于促使企业管理当局重视销售，防止盲目生产。

（4）有利于短期经营决策。

（5）有利于编制弹性预算。弹性预算实际上是根据变动成本法的原理编制的，在企业采取以销定产，可以随业务量的变化而机动地调整，具有弹性。

（6）有利于成本控制和业绩考核。

（7）有利于产品成本的计算工作。

变动成本法的局限性：

（1）不符合传统的成本概念。依照传统观点，不论固定成本还是变动成本都要计入产品成本。

（2）不能适应长期决策的需要。变动成本法对短期经营决策有明显的作用，但不适合长期决策。

（3）成本分解不够精确。将成本划分为固定成本和变动成本在很大程度上是假设的结果，不是一种精确的计算。

6. 变动成本法和完全成本法的适用范围有哪些？

答：完全成本法适用于对外财务报告，变动成本法适用于企业内部管理。

二、本章练习题

1. 解：

2019 年：

完全成本法下的税前利润 $= 2\,000 \times 500 - (220 + 30\,000 \div 2\,000) \times 2\,000 - 85\,000$
$$= 445\,000 \text{（元）}$$

变动成本法下的税前利润 $= 2\,000 \times 500 - 220 \times 2\,000 - 30\,000 - 85\,000 = 445\,000 \text{（元）}$

2020年：

完全成本法下的税前利润 $= 2\,000 \times 500 - (220 + 30\,000 \div 2\,200) \times 2\,000 - 85\,000$
$$= 447\,727\text{（元）}$$

变动成本法下的税前利润 $= 2\,000 \times 500 - 220 \times 2\,000 - 30\,000 - 85\,000 = 445\,000\text{（元）}$

2021年：

完全成本法下的税前利润 $= 2\,000 \times 500 - [(220 + 30\,000 \div 2\,200) \times 200 + (220 + 30\,000 \div 1\,800) \times 1\,800] - 85\,000 = 442\,273\text{（元）}$

变动成本法下的税前利润 $= 2\,000 \times 500 - 220 \times 2\,000 - 30\,000 - 85\,000 = 445\,000\text{（元）}$

2. 解：

在变动成本法下：（1）单位产品成本 $= 12 + 6 + 5 = 23$（元）；（2）期间成本 $= 4\,000 + 4 \times 600 + 1\,000 = 7\,400$（元）；（3）销售成本 $= 23 \times 600 = 13\,800$（元）；（4）营业利润 $= 40 \times 600 - (23 \times 600 + 4 \times 600) - (4\,000 + 1\,000) = 2\,800$（元）。

在完全成本法下：（1）单位产品成本 $= 23 + 4\,000 \div 1\,000 = 27$（元）；（2）期间成本 $= 4 \times 600 + 1\,000 = 3\,400$（元）；（3）销售成本 $= 27 \times 600 = 16\,200$（元）；（4）营业利润 $= 40 \times 600 - 16\,200 - 3\,400 = 4\,400$（元）。

3. 解：

第一年产销量相同，两种成本法下营业利润相同，完全成本法的营业利润 = 变动成本法下的营业利润 $= 150\,000$（元）；第二年产量大于销量，完全成本法下的营业利润高于变动成本法下的营业利润。两者之间的差额 = 期末存货数量×本期单位产品固定制造费用 – 期初存货数量×上期单位产品固定制造费用；即营业利润差额 $= 4\,000 \times (40\,000 \div 10\,000) - 0 = 16\,000$（元），完全成本法的营业利润 $= 100\,000 + 16\,000 = 116\,000$（元）。

4. 解：

（1）完全成本法下的单位产品成本 $= 60 + 40\,000 \div 8\,000 = 65$（元）

期末存货数量 = 期初库存 + 本期生产 – 本期销售 $= 500 + 8\,000 - 7\,500 = 1\,000$（件）

期末存货成本 $= 1\,000 \times 65 = 65\,000$（元）

（2）完全成本法下的本期营业利润 $= 120 \times 7\,500 - 65 \times 7\,500 - 45\,000 = 367\,500$（元）

5. 解：

（1）2021年盈利计算如表3 – 17所示。

表3 – 17   盈利100万元的计算过程   单位：万元

项目	金额
销售收入	6 000
销售成本	5 100
销售毛利	900
销售及管理费用	800
营业利润	100

（2）陈某不应该拿走 8 万元的提成。采用完全成本法，在单价和成本水平不变的情况下，2020 年发生的 5 000 万元固定制造费用中只有 1 500 万元（5 000 ÷ 10 000 × 3 000）计入当期损益，剩余的 3 500 万元固定制造费用由存货吸收并结转到第二年，从而使 2020 年的成本减少了 3 500 万元，当年实现盈利 100 万元。但是如果采用变动成本法来计算利润，由于 2020 年和 2021 年的销售量相同，所以两个年度的利润也应该相同，即都为亏损 3 400 万元。

（3）尽管 2020 年和 2021 年的销售量、销售单价、单位变动成本和固定制造费用总额均无变化，但是由于两年的产量不同，在完全成本法下，两年的营业利润出现了差异，其主要原因是 2020 年 5 000 万元的固定制造费用全部计入当期损益，而 2021 年由于出现了 7 000 件的期末存货，吸收了当期 3 500 万元的固定制造费用，从而使营业收入增加了 3 500 万元。这容易引起人们的误解，使人们得出一个“产量越大，利润越高”的错误结论，导致盲目生产、库存积压。这正是完全成本法的一个缺陷。如果采用变动成本法，则产量对营业利润没有影响，只有销售量与利润有关，这样才能真正地反映出企业的真实业绩。因此，变动成本法更适合企业内部管理。

第四章　本量利分析

第一节　学习指导

一、学习目标

1. 掌握本量利分析中的关键因素。
2. 掌握本量利分析的基本假设和基本公式。
3. 掌握盈亏平衡点的含义和计算方法。
4. 理解安全边际指标、盈亏平衡作用指标的含义和计算方法。
5. 理解不同因素的变化对盈亏平衡点的影响。
6. 掌握用图表法进行本量利分析。
7. 理解敏感性分析的方法及意义。
8. 了解经营杠杆与经营风险的含义。

二、学习重点与难点

1. 本量利分析概述。本量利分析的含义和作用：本量利分析（CVP）是在成本性态分析和变动成本法的基础上，进一步研究销售数量、价格、成本和利润之间的数量依存关系的一种分析方法。它以数量化的模型、图形来揭示成本、业务量与利润等变量之间的关系，为会计预测、决策、规划和控制提供必要的财务信息。

本量利分析的基本假设为：①假定企业的全部成本都能够划分为固定成本和变动成本两部分；②相关范围及线性关系假定；③产销平衡和品种结构（销售组合）稳定；④变动成本法的假定。⑤目标利润的假定。

本量利分析的基本内容包括盈亏平衡分析、保利分析、敏感性分析和本量利分析的扩展四部分。

2. 盈亏平衡分析。盈亏平衡又称保本，是指企业在一定时期内收支相等、损益平衡、不盈不亏、利润为零。

用公式法确定盈亏平衡点有基本等式法和边际贡献法。

用图解法确定盈亏平衡点的方法有：标准式本量利关系分析图、金额式本量利关系分析图、贡献式本量利关系分析图和利润—业务量本量利关系分析图四种。

由基本公式法和作图法对盈亏平衡的确定过程可知，影响盈亏平衡点的因素主要有：销售单价、单位变动成本、固定成本及品种结构。

与盈亏平衡点有关的指标有两种，分别是安全边际指标和盈亏平衡作业率指标。

3. 保利分析。保利分析是在盈亏平衡分析的基础上，对销售量、成本、利润三者之间的关系作进一步分析和研究，可以用于企业的目标利润的预测。

影响盈亏平衡点的因素主要有：销售单价、单位变动成本、固定成本及品种结构。当然，目标利润肯定会影响保利点，目标利润越高，相应需要补偿的边际贡献率越大，保利点越高。

根据目标利润预测销售价格分为单一品种条件下确定销售价格和多品种条件下确定销售价格。

4. 敏感性分析。敏感性分析是一种分析技术，它不仅用于本量利分析，还用于考察有关参数变化对决策的影响，可以使经营决策者决定对哪些参数应重点控制。

盈亏平衡点的敏感性分析是指使盈利转为盈亏亏损的有关参数的变化程度，保利点的敏感性分析是指参数变化对利润的影响程度。

第二节 练习题

一、名词解释

1. 本量利分析　　　　2. 盈亏平衡　　　　3. 安全边际
4. 盈亏平衡点作业率　5. 敏感性分析　　　6. 保利分析
7. 经营杠杆

二、判断题

1. 企业经营安全程度的判断指标一般是采用安全边际率。　　　　　　（　　）
2. "成本是线性的"属于本量利分析的前提假设。　　　　　　　　　（　　）
3. 其他条件不变，当单价增加时，保本点增加。　　　　　　　　　　（　　）
4. 本量利分析法的核心部分是确定安全边际。　　　　　　　　　　　（　　）
5. 在生产多品种产品企业，如果成本水平和各产品单位售价不变，在各产品单位边际贡献一致的情况下，改变品种结构，盈亏平衡点的销售额上升。　　　（　　）
6. 单位变动成本会影响盈亏平衡点业务量变动。　　　　　　　　　　（　　）

7. 在多品种条件下，既可以确定总的保本额，也可以确定各种产品的保本量。
（　　）

8. 安全边际率与保本作业率之间互为倒数。　　　　　　　　　　　　　（　　）

9. 目标利润单独变动时，只会影响保本点，却不会改变实现目标净利润的销售量。
（　　）

10. 边际贡献率与变动成本率之和大于1。　　　　　　　　　　　　　　（　　）

三、单项选择题

1. 利润 =（实际销售量 − 保本销售量）×（　　　）。
A. 边际贡献率　　　　　　　　　　　B. 单位利润
C. 单位售价　　　　　　　　　　　　D. 单位边际贡献

2. 从保本图上得知，对单一产品分析，（　　　）。
A. 单位变动成本越大，总成本斜线率越大，保本点越高
B. 单位变动成本越大，总成本斜线率越小，保本点越高
C. 单位变动成本越小，总成本斜线率越小，保本点越高
D. 单位变动成本越小，总成本斜线率越大，保本点越低

3. 销售收入为 20 万元，变动成本率为 40%，则边际贡献总额为（　　　）万元。
A. 4　　　　　　　　B. 8　　　　　　　　C. 12　　　　　　　　D. 16

4. 某企业只生产一种产品，月计划销售 600 件，单位变动成本 6 元，月固定成本 1 000 元，欲实现利润 1 640 元，则单价应为（　　　）元。
A. 16. 40　　　　　　B. 14. 60　　　　　　C. 10. 60　　　　　　D. 10. 40

5. 某企业只生产一种产品，单价 6 元，单位制造成本 4 元，单位销售和管理变动成本 0. 5 元，销量 500 件，则其产品边际贡献为（　　　）元。
A. 600　　　　　　　B. 650　　　　　　　C. 750　　　　　　　D. 800

6. 下属因素中导致保本销售量上升的是（　　　）。
A. 销售量上升　　　　　　　　　　　B. 产品单价下降
C. 固定成本下降　　　　　　　　　　D. 产品单位变动成本下降

7. 在本量利分析中，必须假定产品成本的计算基础是（　　　）。
A. 完全成本法　　　　　　　　　　　B. 变动成本法
C. 吸收成本法　　　　　　　　　　　D. 制造成本法

8. 销售收入为 20 万元，贡献毛益率为 60%，其变动成本总额为（　　　）万元。
A. 8　　　　　　　　B. 12　　　　　　　　C. 4　　　　　　　　D. 16

9. 下列因素单独变动时，不对保利点产生影响的是（　　　）。
A. 单价　　　　　　　　　　　　　　B. 目标利润
C. 成本水平　　　　　　　　　　　　D. 销售量

10. 某企业每月固定成本 1 000 元，单价 10 元，计划销售量 600 件，欲实现目标利润 800 元，其单位变动成本为（　　）元。

A. 10　　　　　　B. 9　　　　　　C. 8　　　　　　D. 7

四、多项选择题

1. 下列两个指标之和为 1 的有（　　）。

A. 安全边际率与边际贡献率　　　　　B. 安全边际率与保本作业率

C. 保本作业率与变动成本率　　　　　D. 变动成本率与边际贡献率

E. 边际贡献率与保本作业率

2. 本量利分析基本内容有（　　）。

A. 保本点分析　　　B. 安全性分析　　　C. 利润分析　　　D. 成本分析

E. 保利点分析

3. 安全边际率 =（　　）。

A. 安全边际量÷实际销售量　　　　　B. 保本销售量÷实际销售量

C. 安全边际额÷实际销售额　　　　　D. 保本销售额÷实际销售额

E. 安全边际量÷安全边际额

4. 从保本图得知（　　）。

A. 保本点右边，成本大于收入，是亏损区

B. 销售量一定的情况下，保本点越高，盈利区越大

C. 实际销售量超过保本点销售量部分即是安全边际

D. 在其他因素不变的情况，保本点越低，盈利面积越小

E. 安全边际越大，盈利面积越大

5. 边际贡献率的计算公式可表示为（　　）。

A. 1 – 变动成本率　　　　　　　B. 边际贡献/销售收入

C. 固定成本/保本销售量　　　　　D. 固定成本/保本销售额

E. 单位边际贡献/单价

6. 下列各项中，能够同时影响保本点、保利点及保净利点的因素为（　　）。

A. 单位边际贡献　　　　　　　B. 边际贡献率

C. 固定成本总额　　　　　　　D. 目标利润

E. 所得税率

五、简答题

1. 简单描述本量利分析法的缺点。

2. 在单价和成本水平不变的情况下，各年产品保本点和边际贡献率是否变动？边

际贡献与销量两者之间的变动关系怎样？

3. 试说明经营杠杆与经营风险的关系。

六、计算分析题

1. 已知：A 公司只生产一种产品，2020 年销售收入为 1 000 万元，税前利润为 100 万元，变动成本率为 60%。

要求：

（1）计算该公司 2020 年的固定成本；

（2）假定 2021 年该公司只追加 20 万元的广告费，其他条件均不变，试计算该年的固定成本。

（3）计算 2021 年该公司保本额。

2. 已知：W 公司 2020 年销售收入为 180 000 元，销售成本为 160 000 元，其中固定成本为 88 000 元，若 2021 年计划增加广告费 3 200 元，产品单价仍为 40 元/件。

要求：

（1）预测 2021 年该公司的保本点；

（2）若 2021 年计划实现目标利润 52 800 元，则目标销售额应为多少？

3. G 公司 2021 年预计销售某种产品 500 件，若该产品变动成本率为 50%，安全边际率为 20%，单位贡献毛益为 15 元。

要求：

（1）预测 2021 年该公司的保本销售额；

（2）2019 年该公司可获得多少税前利润？

4. S 公司只销售一种产品，2020 年单位变动成本为 15 元/件，变动成本总额为 63 000 元，共获税前利润 18 000 元，若该公司计划于 2021 年维持销售单价不变，变动成本率仍维持 2020 年的 30%。

要求：

（1）预测 2021 年的保本额；

（2）若 2021 年的计划销售量比 2020 年提高 8%，预测安全边际额。

七、案例分析题

威利插座公司在国内电器用品领域里经历了几年的竞争以后，发现竞争的困难越来越大。公司现在维持年生产能力是 60 000 单位。变动成本已经尽最大努力降到每单位 6 元，而且在短期的时间内不可能将固定间接费用削减到 60 000 元以下。总经理想知道提高利润的最佳办法，希望在短时间内所有的可变因素不会有其他变化。他在考虑两种方案：

方案一：通过加班的方法，设法挖掘公司内部潜力增加 20% 的生产能力。由于发放加班津贴，直接人工成本会每单位增加 0.3 元。

方案二：在现行销售单价 7.50 元的基础上加价 10%。

要求：考虑两种方案，你认为哪一种方案对公司最有利？为什么？

第三节 习题参考答案

一、名词解释

1. 本量利分析是在成本性态分析和变动成本法的基础上，进一步研究销售数量、价格、成本和利润之间的数量依存关系的一种分析方法。它以数量化的模型、图形来揭示成本、业务量和利润等变量之间的关系，为会计预测、决策、规划和控制提供必要的财务信息。

2. 盈亏平衡又称保本，是指企业在一定时期内收支相等、损益平衡、不盈不亏、利润为零。

3. 安全边际是实际或预计的销售量（额）与企业盈亏平衡销售量（额）之间的差额。

4. 盈亏平衡作业率指标是安全边际的反指标，是指盈亏平衡点销售量（额）占实际或预计的销售量（额）的百分比，又称为危险率。

5. 敏感性分析是一种分析技术，它不仅用于本量利分析，还用于考察有关参数变化对决策的影响。

6. 保利分析是保利分析，就是在盈利条件下的本量利分析，而一般不考虑在亏损条件下的本量利分析，因为亏损属于非正常情况，且亏损是利润的相反数，盈利条件下本量利分析模型和方法同样适用于亏损的情况。

7. 经营杠杆是指因固定成本的存在而导致息税前利润变动率大于销售量变动率的效应。使得息税前利润的变动幅度大于营业收入的变动幅度的现象。

二、判断题

1. √ 2. √ 3. × 4. × 5. × 6. √ 7. √ 8. × 9. × 10. ×

三、单项选择题

1. D 2. A 3. C 4. D 5. B 6. B 7. B 8. A 9. D 10. D

四、多项选择题

1. BD 2. ABE 3. AC 4. CE 5. ABDE 6. ABC

五、简答题

1. 简单描述本量利分析法的缺点。

答：本量利分析法的缺点主要包括：

（1）对总成本尤其是对某些混合成本的划分不够精确，有时带有一定的主观因素。

（2）本量利分析中有关函数的线性假设，与实际有较大的偏离。

（3）影响成本和收入的因素除了产销量外，还包括效率、市场供求等其他多种因素。

（4）不管企业的预测和计划做得多么好，要使实际的产量和销售量完全平衡是十分困难的，在多品种的情况下，各产品的产量也不会总是按固定的比例变化。

2. 在单价和成本水平不变的情况下，各年产品保本点和边际贡献率是否变动？边际贡献与销量两者之间的变动关系怎样？

答：在 p、b、a 不变的情况下，根据 $x_0 = a/(p-b)$，保本点（x_0）不变，$cmR = (p-b)/p$ 也不变。

根据 $(p-b)x = Tcm$，Tcm 随着 x 正比例变动。其中，为单价；b 为单位变动成本；a 为固定成本；cmR 为贡献边际率；Tcm 为贡献边际总额。

3. 试说明经营杠杆与经营风险的关系。

答：

（1）经营杠杆放大市场和生产等因素变化对利润波动的影响——经营杠杆"放大"经营风险（息税前利润的变动性），经营杠杆作用越强，经营风险越高。

（2）经营杠杆本身并不是资产报酬不确定的根源，经营杠杆不存在（DOL = 1），经营风险（息税前利润的变动性）仍会存在，只是不会被"放大"（息税前利润与产销量等比例变动）。

六、计算分析题

1. 解：

（1）1 000 × 60% = 600（万元）

1 000 − 600 − 100 = 300（万元）

（2）300 + 20 = 320（万元）

（3）320/（1 − 60%）= 800（万元）

2. 解：

（1）（160 000 − 88 000）/4 500 = 16（元/件）

保本量 = （88 000 + 3 200）/（40 − 16）= 3 800（件）

保本额 = 3 800 × 40 = 152 000（元）

（2）（88 000 + 3 200 + 52 800）/（40 − 16）× 40 = 240 000（元）

3. 解：

（1）边际贡献率 = 50%

边际贡献率 = 边际贡献/单价

单价 = 15/50% = 30（元）

盈亏平衡 = 1 − 20% = 80%

保本销售量 = 500 × 80% = 400（件）

保本销售额 = 400 × 30 = 12 000（元）

（2）固定成本 = 15 × 400 = 6 000（元）

税前利润 = 500 × 15 − 6 000 = 1 500（元）

4. 解：

（1）固定成本 = （50 − 15）× 4 200 − 18 000 = 12 900（元）

12 900/70% = 184 285.71（元）

（2）50 × 4 200 × （1 + 8%）− 184 285.71 = 42 514.29（元）

七、案例分析题

解：首先从保本点考虑，其次考虑利润。

公司目前的保本点销售量 = 固定成本/单位贡献边际。

固定成本为 60 000 元，单价为 7.5 元，单位变动成本为 6 元，单位贡献边际 = 7.5 − 6 = 1.5（元），保本点销售量 = 60 000/1.5 = 40 000（单位）

此时的利润 = 安全边际量 × 单位贡献边际 = （60 000 − 40 000）× 1.5 = 30 000（元）

通过加班的方法，设法挖掘公司内部潜力增加 20% 的生产能力。由于发放加班津贴，直接人工成本会每单位增加 0.3 元。固定成本为 60 000 元，单价为 7.5 元，单位变动成本为 6.3 元，单位贡献边际 = 7.5 − 6.3 = 1.2（元）。生产量 = 60 000 × （1 + 20%）= 72 000（单位），保本点销售量 = 60 000/1.2 = 50 000（单位）。比原始条件下的保本点上升，公司的盈利空间变小。此条件下的利润 = 安全边际量 × 单位贡献边际 = （72 000 − 50 000）× 1.2 = 26 400（元）。

利润比原始条件下的利润下降了 3 600 元，不可取。

在现行销售单价 7.5 元的基础上加价 10%。

固定成本为 60 000 元，单价 = 7.5 × （1 + 10%）= 8.25（元），单位变动成本为 6 元，单位贡献边际 = 8.25 − 6 = 2.25（元）。保本点销售量 = 60 000/2.25 ≈ 26 667（单位），

比原始条件下的保本点销售量下降，公司的盈利空间增大。此条件下的利润 = 安全边际量 × 单位边际贡献 = (60 000 − 26 667) × 2.25 ≈ 75 000（元）。利润比原始条件下的利润上升了 45 000 元 = (75 000 − 30 000)，虽然单价上升了，但保本点下降了，如果还能保持目前的最大销售量，提高单价的方案是可取的，因为利润比原来增大了。

因此，方案二是最佳方案。

第四节　教材习题参考答案

一、思考题

略。

二、本章练习题

1. 解：

（1）计算贡献边际指标如下：

单位贡献边际 $m = SP - VC = 100 - 60 = 40$（元/台）

边际贡献总额 $S_{BEP} = (SP - VP) \cdot Q_{BEP} = 40 \times 500 = 20\,000$（元）

边际贡献率 $mr = m/SP = 40/100 \times 100\% = 40\%$

（2）营业利润 = 贡献边际 − 固定成本 = 20 000 − 10 000 = 10 000（元）

（3）变动成本率 = $60/100 \times 100\% = 60\%$

（4）$40\% + 60\% = 1$

2. 解：

（1）甲产品的销售比重 = $2\,000 \times 60/200\,000 \times 100\% = 60\%$

乙产品的销售比重 = $500 \times 30/200\,000 \times 100\% = 7.5\%$

丙产品的销售比重 = $1\,000 \times 65/200\,000 \times 100\% = 32.5\%$

甲产品的贡献毛益率 = $(2\,000 - 1\,600)/2\,000 \times 100\% = 20\%$

乙产品的贡献毛益率 = $(500 - 300)/500 \times 100\% = 40\%$

丙产品的贡献毛益率 = $(1\,000 - 700)/1\,000 \times 100\% = 30\%$

综合贡献毛益率 = $20\% \times 60\% + 40\% \times 7.5\% + 30\% \times 32.5\% = 24.75\%$

综合保本额 = $19\,800/24.75\% = 80\,000$（元）

甲产品保本量 = $80\,000 \times 60\%/2\,000 = 24$（件）

乙产品保本量 = $80\,000 \times 7.5\%/500 = 12$（件）

丙产品保本量 = $80\,000 \times 32.5\%/1\,000 = 26$（件）

（2）（2 000×60＋500×30＋1 000×65）×24.75%＝49 500（元）

49 500－19 800＝29 700（元）

3. 解：

（1）每月固定成本＝（250 000×60）/200＝75 000（元）

全年固定成本＝75 000×12＝900 000（元）

（2）边际贡献率＝60/200×100%＝30%

单价＝［40＋70×（1＋10%）＋30］/（1－30%）＝210（元）

（210－200）/200×100%＝5%

第五章　作业成本法

第一节　学习指导

一、学习目标

1. 理解传统成本系统的缺陷和作业成本系统产生的背景。
2. 理解作业成本法的核心思想。
3. 能够进行作业分析和作业成本动因分析。
4. 使用作业成本法计算成本对象的成本。
5. 了解作业成本法使用的条件。
6. 使用作业成本系统进行作业成本管理

二、学习重点

　　掌握作业成本法的基本概念，如作业及作业链、价值链、成本动因等。理解作业的性质和分类，深入了解作业成本法所具有的决策相关性，并准确理解作业成本法与传统成本计算法的异同。了解作业成本法下的成本计算程序，学会降低作业成本的主要方法。

三、学习难点

　　学习中要深入理解不同成本分类的作用（如成本动因按照其在作业成本会计中的作用和性质分类的区别以及联系）、各种成本核算方法与成本管理方法在不同环境中的结合应用。理解作业成本计算的含义及其本质，其重点是解决间接制造费用的正确归集和合理分配问题。其中，分析和确认作业是研究问题的基础，选择合适的成本动因是问题的关键所在。此外，还要从顾客的角度识别增值作业与非增值作业。最后，要寻求合理降低作业成本的方法。

第二节 练习题

一、名词解释

1. 作业　　　　2. 作业中心　　　　3. 制造中心
4. 资源动因　　5. 作业动因　　　　6. 增值作业
7. 非增值作业　8. 作业成本管理

二、判断题

1. 作业成本法有助于解决传统成本法下间接计入费用分配不准确的问题。（　　）
2. 作业成本法特别适用于间接计入费用占比极低、构成简单的企业。（　　）
3. 作业动因指的是各项作业被最终成本对象消耗的方式和原因。（　　）
4. "作业消耗资源、成本对象消耗作业"是作业成本法的基本原则。（　　）
5. 制造中心只能生产直接对外产品，不能生产半成品。（　　）
6. 企业生产产品所耗费的全部成本都应该先分配到有关作业，计算作业成本，然后，再将作业成本分配到有关产品。（　　）
7. 作业成本管理是把管理深入到作业水平，对作业链进行持续改善和优化的过程。（　　）
8. 作业分享就是要充分利用规模效应提高必要作业效率。（　　）
9. 作业成本法不仅仅是一种成本计算方法，更是一种成本管理系统。（　　）
10. 生产工艺流程中的每项作业都是增值作业。（　　）

三、单项选择题

1. 现代制造业中，（　　）的比重极大地增加，结构也彻底发生了变化。
A. 直接人工　　　　　　　　B. 直接材料
C. 间接费用　　　　　　　　D. 期间费用
2. 按照作业成本法的基本原理，（　　）是基于一定的目的、以人为主体消耗一定资源的特定范围内的工作。
A. 作业动因　　　　　　　　B. 作业
C. 资源　　　　　　　　　　D. 资源动因

3. 作业成本计算法把企业看成为满足最终顾客需要而设计的一系列（　　）的集合。

　　A. 契约　　　　　　　B. 产品　　　　　　C. 生产线　　　　　D. 作业

4. （　　）是负责完成某一项特定产品制造功能的一系列作业的集合。

　　A. 企业　　　　　　　B. 作业中心　　　　C. 生产线　　　　　D. 制造中心

5. 在作业成本法下，各资源库汇集的价值按照（　　）分配到各个作业库中。

　　A. 平均分配　　　　　　　　　　　　B. 作业动因

　　C. 资源动因　　　　　　　　　　　　D. 随机分配

6. 采购作业的作业动因是（　　）

　　A. 采购数量　　　　　　　　　　　　B. 采购批量

　　C. 采购次数　　　　　　　　　　　　D. 采购人员数

7. 使每件单位产品都受益的作业类型是（　　）。

　　A. 单位水平作业　　　　　　　　　　B. 批次水平作业

　　C. 品种水平作业　　　　　　　　　　D. 支持水平作业

8. 作业成本法下的成本计算程序，首先要确定作业中心，将（　　）归集到各作业中心。

　　A. 直接人工　　　　　　　　　　　　B. 资源耗费价值

　　C. 间接费用　　　　　　　　　　　　D. 期间费用

9. 企业管理深入到作业层次后，企业成为满足顾客需要而设计的一系列作业的集合体，从而形成了一个由此及彼、由内向外的（　　）。

　　A. 供应链　　　　　　　　　　　　　B. 作业链

　　C. 产品链　　　　　　　　　　　　　D. 采购链

10. 某公司利用卡车为本市的 8 家企业提供配送服务。请问，当该公司做客户盈利能力分析时，配送过程中发生的燃油费用，按照下列哪种方式分配给 8 家企业最为合理？（　　）

　　A. 平均分配　　　　　　　　　　　　B. 按配送次数分配

　　C. 按配送里程分配　　　　　　　　　D. 按地理距离远近分配

11. 某企业采用作业成本法计算产品成本，每一批产品在生产前需要对设备进行调试。对调试作业成本库中的费用进行分配时，最适宜采用的作业成本动因为（　　）。

　　A. 每批产品的产量　　　　　　　　　B. 每批产品耗用的机器工时

　　C. 每批产品耗用的调整次数　　　　　D. 每批产品消耗的人工工时

12. 某企业同时生成甲、乙、丙三种产品，11 月份的产量都是一样的，而生产批次数分别为 100 批、200 批和 50 批，当月生产调整准备成本共为 5 000 元，按照作业成本法的原理，三种产品中的哪一种应分摊最多的调整准备成本？（　　）

　　A. 甲产品　　　　　　　　　　　　　B. 乙产品

　　C. 丙产品　　　　　　　　　　　　　D. 三种产品一样多

13. 某公司生产两种产品，购入一台质检设备。每个月质检设备折旧费用为 8 万元；生产 A 产品 5 000 件，B 产品 10 000 件；A 产品的抽检比例为 2%；B 产品的抽检比例为 1%；A 产品消耗的检测时间为 1 分钟/件；B 产品消耗的检测时间为 3 分钟/件。如果该公司采用作业成本法核算两种产品的成本，每个月 A 产品最有可能分配的质检费用为（　　）万元。

A. 2.67　　　　　　　B. 4　　　　　　　C. 3　　　　　　　D. 2

14. 取消低效、不必要的会议的做法属于（　　）。

A. 作业消除　　　B. 作业减低　　　C. 作业分享　　　D. 作业选择

15. 新产品在设计时如果考虑到充分利用现有其他产品使用的零件，就可以免除新产品零件的设计作业，从而降低新产品的生产成本。这种做法属于（　　）。

A. 作业分享　　　B. 作业选择　　　C. 作业消除　　　D. 作业减低

四、多项选择题

1. 作业成本法的产生背景包括（　　）。

A. 科学技术的发展

B. 日趋激烈的市场竞争

C. 间接费用大大增加并且构成内容更加复杂

D. 准时制生产、全面质量管理等企业经营管理思想和方法的出现

2. 与传统成本法相比，采用作业成本法的主要意义在于（　　）。

A. 间接计入费用的分配更加准确

B. 成本信息的决策相关性增强

C. 直接计入费用的核算更为准确

D. 费用分配过程更加简单

3. 成本动因的两种形式包括（　　）。

A. 资源动因　　　B. 业绩动因　　　C. 作业动因　　　D. 产量动因

4. 对一个制造企业来说，以下可能作为成本动因的有（　　）。

A. 生产批次数　　　B. 产量　　　C. 机器工时数　　　D. 采购次数

5. 下列项目中，属于产品批量层次作业的有（　　）。

A. 原材料处理　　　　　　　B. 生产流程确定

C. 设备调试　　　　　　　　D. 订单处理

6. 作业成本法的成本计算对象包括（　　）几个层次。

A. 资源　　　B. 作业　　　C. 作业中心　　　D. 制造中心

7. 划分制造中心的依据可以有（　　）。

A. 生产车间　　　　　　　　B. 生产某一种产品

C. 生产系族产品　　　　　　D. 生产批次

8. 作业按照对价值的贡献，分为（　　　）。

A. 采购作业　　　　　B. 生产作业　　　　　C. 增值作业　　　　　D. 非增值作业

9. 一般来说，以下属于非增值作业的有（　　　）。

A. 零部件的组装　　　　　　　　　　B. 半成品在不同工序间的搬运

C. 原材料的切割打磨　　　　　　　　D. 存货的存储

10. 作业管理的方法有（　　　）。

A. 作业分享　　　　　B. 作业消除　　　　　C. 作业转换　　　　　D. 作业选择

五、简答题

1. 什么是作业成本法？作业成本法的核心思想是什么？

2. 简述成本动因及其分类。

六、计算与核算题

1. 资料：某家用纺织品制造厂采用作业成本法分配间接费用，2021 年 5 月，该厂有关资料如表 5 - 1 所示。

表 5 - 1

作业	成本动因	作业成本（元）	作业水平	
			高级毛巾	普通毛巾
生产准备	准备次数（次）	20 000	30	20
材料管理	材料用量（千克）	100 000	2 500	1 500
包装与运输	运输数量（次）	54 000	600	300
间接费用合计		174 000		

要求：

（1）计算各项作业成本分配率。

（2）在高级毛巾和普通毛巾之间分配本月发生的作业成本。

2. 某企业生产香味卡片和普通卡片，涉及材料搬运、设备调整、机器加工、产品检验四种作业。2021 年 6 月相关数据如表 5 - 2 所示。

表 5 - 2

项目	香味卡片	普通卡片	合计
产量（张）	10 000	80 000	—
直接材料和人工（元）	80 000	320 000	400 000
直接人工小时	10 000	80 000	90 000

续表

项目	香味卡片	普通卡片	合计
材料搬运成本（元）			75 000
材料搬运次数	90	60	150
设备调整成本（元）			110 000
设备调整次数	30	20	50
机器加工成本（元）			247 500
机器加工小时	5 000	40 000	45 000
产品检查成本（元）			43 200
产品检查小时	1 000	8 000	9 000

要求：运用作业成本法计算 2021 年 6 月香味卡片和普通卡片的单位成本。

3. 某公司的作业成本计算系统包含加工成本、安装成本和其他成本三个作业成本库。该公司的制造费用包括设备折旧和间接人工费用，根据作业成本库分配率分配到成本库之中，如表 5 - 3 所示。

表 5 - 3　　　　　　　　　　　　　　　　　　　　　　　　　　　　单位：元

设备折旧	54 000
间接人工	16 000
制造费用合计	70 000

作业成本库的资源消耗分配率如表 5 - 4 所示。

表 5 - 4

项目	加工	安装	其他
设备折旧	0.50	0.30	0.20
间接人工	0.20	0.30	0.50

加工成本库的成本根据机器工时进行分配，安装成本库的成本根据批次数量进行分配，其他成本库的成本不分摊到产品之中。两种产品对作业动因的占用情况如表 5 - 5 所示。

表 5 - 5

	机器工时（小时）	批次数量（批）
产品 A_1	7 900	1 200
产品 A_2	2 100	800
合计	10 000	2 000

与该公司产品有关的其他数据显示如表 5 - 6 所示。

表 5 - 6   单位：元

	产品 A_1	产品 A_2
销售收入总额	89 500	47 150
直接材料总额	15 200	6 800
直接人工总额	14 700	5 000

要求：

（1）运用作业成本法，将制造费用分配到作业成本库中；

（2）运用作业成本法，计算每种作业成本库的分配率；

（3）运用作业成本法，计算每种产品分摊的制造费用；

（4）运用作业成本法，计算每种产品的毛利。

七、案例分析题

A 公司生产甲（传统产品）、乙（新产品）两种产品。对于甲产品，目前公司的售价为每件 300 元，该公司的顾客指出目前市场上有另一供应商 B，正提出以 280 元的单价向其提供甲产品，这价格比 A 公司现有甲产品的售价 300 元低了不少。如果甲产品的价格无法降低，那么，该顾客将向供应商 B 采购甲产品，不再向 A 公司采购。而对于新产品乙，这样的竞争压力并不存在。A 公司现在正以 450 元的单价向市场销售，市场其他企业类似产品的价格在 530 元左右。

这时候，财务会计人员拿来了成本数据。每月制造费用合计 868 600 元，统一按照人工工时进行分配。有关数据和计算过程如表 5 - 7，表 5 - 8 所示。

表 5 - 7

项目	甲产品	乙产品
生产数量（件）	8 000	1 000
直接人工（工时/件）	6	4
直接材料（元/件）	60	100
材料用量（千克）	6 000	4 000
机器调控次数	10	5
产品抽检比例	10%	20%
小时工资率（元/小时）	20	20

表 5 - 8

项目	制造费用分配率	甲产品	乙产品
直接材料（元）		$60 \times 8\,000 = 480\,000$	$100 \times 1\,000 = 100\,000$
直接人工（元）		$6 \times 20 \times 8\,000 = 960\,000$	$4 \times 20 \times 1\,000 = 80\,000$

续表

项目	制造费用分配率	甲产品	乙产品
制造费用（元）	868 600/（6×8 000＋4×1 000）＝16.70	16.70×6×8 000＝801 600	67 000
合计（元）		2 241 600	247 000
产量（件）		8 000	1 000
单位产品成本（元）		280.2	247

注：制造费用尾差计入乙产品。

　　但 A 企业的管理会计人员马上指出问题，认为制造费用的分配过程存在偏差，应当运用作业成本法对产品成本重新进行核算。

　　经过作业分析，管理会计师认为制造费用 868 600 元的发生主要由三项作业构成，并划分了下列作业成本库（见表 5－9）。

表 5－9　　　　　　　　　　　　　　　　　　　　　　　　　　　　　　单位：元

作业成本库	成本总额	成本动因
材料整理	500 000	材料用量
机器调控	168 600	机器调控次数
质量控制	200 000	检测产品数量

要求：

（1）运用作业成本法重新计算甲产品、乙产品的单位成本。

（2）根据作业成本法的计算结果，应向公司决策者提出怎样的价格调整建议？

第三节　习题参考答案

一、名词解释

　　1. 作业是指企业为提供一定量的产品或劳务所消耗的人力、技术、原材料、方法和环境等的集合体。

　　2. 作业中心是指负责完成一项特定产品制造功能的一系列作业的集合。

　　3. 制造中心是指能够独立完成一种产品或一个系族多种产品生产的中心，由一系列作业中心集合而成。

　　4. 资源动因是指资源被各种作业消耗的方式和原因，它反映了作业中心对资源的耗费情况，是将资源成本分配到作业中心的标准。

　　5. 作业动因是指各项作业被最终产品或劳务消耗的方式和原因，它反映产品消耗作业的情况，是将作业中心的成本分配到产品或劳务中的标准。

6. 增值作业是指能给顾客带来附加价值因而能给企业带来利润的作业。

7. 非增值作业是指不能给顾客带来附加价值的作业。

8. 作业成本管理是指运用作业成本计算提供的信息，从成本的角度，寻找改变作业和生产流程，消除作业链中一切不能增加价值的作业，使企业处于持续改进状态，促进企业整体价值链的优化，增强企业竞争优势。

二、判断题

1. √ 2. × 3. √ 4. √ 5. × 6. × 7. √ 8. √ 9. √ 10. ×

三、单项选择题

1. C 2. B 3. D 4. B 5. C 6. C 7. A 8. B 9. B 10. C 11. C 12. B 13. D 14. A 15. A

四、多项选择题

1. ABCD 2. AB 3. AC 4. ABCD 5. ACD 6. ABCD 7. BC 8. CD 9. BD 10. ABCD

五、简答题

1. 什么是作业成本法？作业成本法的核心思想是什么？

答：作业成本法是以作业为基础的成本计算方法。作业成本法认为，企业的全部经营活动是由一系列相互关联的作业组成的，企业每进行一项作业，都要耗用一定种类和一定数量的资源；而企业生产的产品或提供劳务需要通过一系列的作业来完成。因此，产品成本实际上就是企业生产该产品的全部作业所消耗资源的总和。

作业成本法的核心思想是："成本对象消耗作业，作业消耗资源"。

2. 简述成本动因及其分类。

答：成本动因又称成本驱动因素，是指引起成本变动的原因或推动因素。根据成本动因在作业成本核算程序中所处的位置，一般将其分为资源动因和作业动因。

资源动因。所谓资源动因，通俗地讲，就是资源被各种作业消耗的方式和原因，它反映了作业中心对资源的耗费情况，是将资源成本分配到作业中心的标准。

作业动因。所谓作业动因，通俗地讲，就是各项作业被最终产品或劳务消耗的方式和原因，它反映产品消耗作业的情况，是作业中心的成本分配到产品或劳务中的标准。

六、计算与核算题

1. 解：

（1）生产准备作业成本分配率 = 20 000/（30 + 20）= 400（元/次）

材料管理作业成本分配率 = 100 000/（2 500 + 1 500）= 25（元/千克）

包装与运输作业成本分配率 = 54 000/（600 + 300）= 60（元/次）

（2）高级毛巾分配的本月作业成本 = 400 × 30 + 25 × 2 500 + 60 × 600 = 110 500（元）

普通毛巾分配的本月作业成本 = 400 × 20 + 25 × 1 500 + 60 × 300 = 63 500（元）

2. 解：

计算四种作业的作业成本分配率并编制费用分配表，如表 5 - 10 所示。

材料搬运：75 000/150 = 500（元/次）

设备调整：110 000/50 = 2 200（元/次）

机器加工：247 500/45 000 = 5.5（元/小时）

产品检查：43 200/9 000 = 4.8（元/次）

表 5 - 10　　　　　　　　　　　　　　　　　　　　　　　　　　　　　　单位：元

项目	香味卡片	普通卡片
直接材料和人工	80 000	320 000
间接费用：		
材料搬运	45 000	30 000
设备调整	66 000	44 000
机器加工	27 500	220 000
产品检查	4 800	38 400
生产成本合计	223 300	652 400
产量	10 000	80 000
单位成本	22.33	8.155

3. 解：

（1）将制造费用分配到作业成本库时，用资源分配率乘以作业成本库中的相应成本，就能得出每一个作业成本库应分摊的费用（见表 5 - 11），例如：0.50 × 54 000 = 27 000（元）。

表 5 - 11　　　　　　　　　　作业成本库应分摊的费用　　　　　　　　　　单位：元

	加工成本库	安装成本库	其他成本库	合计
设备折旧	27 000	16 200	10 800	54 000
间接人工	3 200	4 800	8 000	16 000
合计	30 200	21 000	18 800	70 000

（2）分配率的计算（见表 5 – 12）。

表 5 – 12　　　　　　　　　　　　分配率

作业成本库	总作业成本（元）	总作业量	分配率
加工	30 200	10 000 个机器工时	3.02 元/机器工时
安装	21 000	2 000 批	10.5 元/批

（3）制造费用的分摊（见表 5 – 13 和表 5 – 14）。

表 5 – 13　　　　　　　　　　　产品 A₁ 的制造费用

项目	分配率	作业量	作业成本（元）
加工	3.02 元/机器工时	7 900 个机器工时	23 858
安装	10.5 元/批	1 200 批	12 600
合计			36 458

表 5 – 14　　　　　　　　　　　产品 A₂ 的制造费用

项目	分配率	作业量	作业成本（元）
加工	3.02 元/机器工时	2 100 个机器工时	6 342
安装	10.5 元/批	800 批	8 400
合计			14 742

（4）计算产品毛利（见表 5 – 15）。

表 5 – 15　　　　　　　　　　产品 A₁、A₂ 的毛利　　　　　单位：元

项目	产品 A₁	产品 A₂
销售收入	89 500	47 150
减：		
直接材料成本	15 200	6 800
直接人工成本	14 700	5 000
加工成本	23 858	6 342
安装成本	12 600	8 400
销货成本合计	66 358	26 542
产品毛利	23 142	20 608

七、案例分析题

解：

（1）运用作业成本法重新计算甲产品、乙产品的单位成本。计算过程见表 5 – 16、表 5 – 17 和表 5 – 18。

表 5 - 16　　　　　　　　　　制造费用分配率

作业成本库	成本总额（元）	成本动因	分配率
材料整理	500 000	6 000 + 4 000 = 10 000（千克）	500 000/10 000 = 50（元/千克）
机器调控	168 600	10 + 5 = 15（次）	168 600/15 = 11 240（元/次）
质量控制	200 000	8 000 × 10% + 1 000 × 20% = 1 000（件）	200 000/1 000 = 200（元/件）

表 5 - 17　　　　　　　　　按照作业成本法分配制造费用

作业成本	分配率	甲产品		乙产品	
		作业动因	分配成本（元）	作业动因	分配成本（元）
材料整理	50 元/千克	6 000 千克	300 000	4 000 千克	200 000
机器调控	11 240 元/次	10 次	112 400	5 次	56 200
质量控制	200 元/件	800 件	160 000	200 件	40 000
合计			572 400		296 200

表 5 - 18　　　　　　　作业成本法下两种产品的生产成本

项目	甲产品	乙产品
直接材料（元）	480 000	100 000
直接人工（元）	960 000	80 000
制造费用（元）	572 400	296 200
合计（元）	2 012 400	476 200
产量（件）	8 000	1 000
单位产品成本（元/件）	251.55	476.2

（2）传统的成本计算方法高估了甲产品成本，低估了乙产品成本，误导了产品定价。经过改由作业成本法计算后，甲产品的单位成本为 251.55 元，企业应降低甲产品的单价，可参照竞争对手的出价，每件售价定为 280 元。乙产品的单位成本为 476.2 元，企业应该提高乙产品的售价，可参照市场行情单价定在 530 元左右。

第四节　教材习题参考答案

一、思考题

1. 作业成本法产生的背景和原因是什么？

答：作业成本法产生的背景和原因主要有以下 3 个方面：

（1）现代制造环境下，间接费用比例大幅增加，更加重视间接费用的合理分配。

随着科技的进步，计算机与信息系统的发展，企业生产的自动化程度的提高，造成了间接费用比例大幅度的增加。传统成本核算法适用于相对简单的生产和经营系统，当企业不断成长，面临的竞争越来越激烈，间接成本占比越来越大，则需要更加严密的成本核算系统，精确核算成本。

（2）制造费用构成内容复杂多样，多种基础分配间接费用势在必行。随着客户需求的多样化、个性化，企业需要为各种类型的客户提供专门、定制的服务，更大的差异性、多样性的引入必然会增加生产的复杂性，制造费用的构成也变得复杂。传统成本计算方法下，单一基础分配间接费用的方法往往造成了成本信息的失真，由此，必须改为按多种基础来分配各相关间接费用。

（3）管理理论与实践创新，作业成本计算方法应运而生。市场竞争环境日趋激烈，伴随着新技术革命，企业管理理论与方法也在不断创新，并推动着企业管理的实践活动。比如典型的如适时制、战略成本管理、全面质量管理、供应链管理等。传统成本计算方法无法揭示与生产成本有关的成本动因，发展以成本动因为核心的成本计算方法已成为新的生产技术环境对成本计算方法改革的一种迫切要求，作业成本计算方法应运而生。

2. 作业可以从哪些角度进行分类？

答：作业成本法可以从以下四个角度进行分类：

（1）按是否增加价值区分作业，分为增值作业和非增值作业。

（2）按成本层次分类，分为单位作业、批别作业、品种作业和支持作业。

（3）按照引起作业活动的动因类型分类，分为实物量作业、批次作业、产品辅助作业和客户辅助作业。

（4）其他分类。基于不同的情况和研究目的，许多学者对作业进行了不同的分类，下面是几种有代表性的分类：

①杰弗·米勒（Jeff Miller）和汤姆·沃尔（Tom Vollman）两位现代制造过程的研究者将作业分为如下四类：逻辑性作业、平衡性作业、质量作业和变化作业。

②按成本可归属性分类。彼得·特尼（Turney）教授认为，若是小型公司，作业可分为成本对象作业和维持性作业。

③按成本性质分类。詹姆斯·布林逊（James A. Bulinson）将作业分成重复作业和不重复作业、初级作业和二级作业、必需的作业和酌量性作业。

3. 在实际操作时，作业成本计算流程有哪几个步骤？

答：作业成本计算有三个步骤：

（1）识别主要作业，建立作业中心。

（2）将归集的资源耗费分配到各作业成本中心。

（3）将各个作业中心的成本分配到最终成本计算对象。

4. 作业成本管理包括哪些内容？

答：作业成本管理一般包括确认和分析作业、作业链—价值链分析和成本动因分析、业绩评价以及报告非增值作业成本四个步骤。

5. 作业成本的价值链分析包括哪些内容？

答：作业成本的价值链分析包括分析企业生产经营过程的价值链、确定产品或劳务总成本的构成、识别各过程的成本动因、识别各过程的中间环节、鉴定获得相关成本优势的机遇五项内容。

6. 降低作业成本的主要方法有哪些？

答：降低作业成本的主要方法有以下五种：

（1）作业消除。作业消除就是消除非增值作业，即先确定非增值作业，进而采取有效措施予以消除。

（2）作业选择。作业选择就是尽可能列举各项可行的作业并从中选择最佳的作业。

（3）作业减低。作业减低就是改善必要作业的效率或者改善在短期内无法消除的非增值作业。

（4）作业转换。作业转换就是把不增值作业转换为增值作业。

（5）作业分享。作业分享就是利用规模经济效应提高必要作业的效率，即增加成本动因的数量但不增加作业成本，这样可以降低单位作业成本及分摊于产品的成本。

二、本章练习题

1. 解：

（1）将各作业汇集的费用按分配率分配计入 L170 型传真机的单位成本。

材料管理：$40 \times 10 = 400$（元）

机械制造：$10 \times 50 = 500$（元）

组装：$15 \times 30 = 450$（元）

检验：$2 \times 100 = 200$（元）

（2）L170 型传真机的单位成本为直接费用和间接费用之和：

传真机的单位成本 $= 600 + 400 + 500 + 450 + 200 = 2\,150$（元）

2. 解：甲、乙两种产品的成本计算如表 5 – 19 所示。

表 5 – 19

作业成本库	耗用资源（元）	作业动因量	作业分配率	甲产品作业成本（元）	乙产品作业成本（元）
材料处理	36 000	600	60	24 000	12 000
材料采购	50 000	500	100	35 000	15 000
使用机器	70 000	2 000	35	42 000	28 000
设备维修	44 000	1 100	40	28 000	16 000
质量控制	40 000	400	100	25 000	15 000
产品运输	32 000	80	400	20 000	12 000
合计总成本	272 000			174 000	98 000
单位成本				69.6	196

3. 解：

（1）5 月份间接费用分配如表 5 – 20 所示，总成本计算分配如表 5 – 21 所示。

表 5 – 20　　　　　　　　　　　　　　　间接费用分配

作业中心	分配率	A 产品		B 产品	
		作业量	分配成本（元）	作业量	分配成本（元）
物料处理	0.30	15 000	4 500	3 500	1 050
剪切	2.50	15 000	37 500	3 500	8 750
安装	30.00	1 800	54 000	450	13 500
合计			96 000		23 300

表 5 – 21　　　　　　　　　　　　　　　总成本计算分配

项目	A 产品	B 产品
直接材料（元）	240 000	60 000
直接人工（元）	36 000	9 000
制造费用（元）	96 000	23 300
合计	372 000	92 300
产量（件）	600	100
单位产品成本（元）	620	923

（2）A、B 两种产品分摊的单位成本如表 5 – 22 所示。

表 5 – 22　　　　　　　　　　　A、B 两种产品分摊的单位成本

项目	A 产品	B 产品
制造成本合计（元）	372 000	92 300
研发费用（元）	30 000	12 000
售后服务费用（元）	48 000	25 000
合计（元）	450 000	129 300
产量（件）	600	100
单位产品成本（元）	750	1 293

4. 解：

（1）采用传统成本计算方法计算过程如下：

直接人工小时合计 = 2 000 + 10 000 = 12 000（小时）

间接费用分配率 = 1 828 000/12 000 = 152.33（元/小时）

分配给豪华型产品的间接成本合计 = 152.33 × 2 000 = 304 660（元）

单位豪华型产品的间接成本 = 304 660/200 = 1 523.3（元/台）

豪华型产品的单位成本 = 2 000 + 1 523.3 = 3 523.3（元/台）

分配给普通型产品的间接成本 = 1 828 000 - 304 660 = 1 523 340（元）

单位普通型产品的间接成本 = 1 523 340/1 000 = 1 523.34（元/台）

普通型产品单位成本 = 800 + 1 523.34 = 2 323.34（元/台）

（2）作业成本法计算过程如表 5 - 23、表 5 - 24、表 5 - 25 所示。

表 5 - 23　　　　　　　　每一作业成本的动因分配率

作业动因	间接成本（元）	作业消耗	作业分配率
调整次数	350 000	70	5 000
机器小时	1 400 000	14 000	100
包装单数量	78 000	2 600	30

表 5 - 24　　　　　　　　豪华型产品（200 台）应分配的间接成本

作业动因	作业分配率	作业量	间接成本合计（元）	单位间接成本（元）
调整次数	5 000	50	250 000	1 250
机器小时	100	4 000	400 000	2 000
包装单数量	30	600	18 000	90
合计			668 000	3 340

表 5 - 25　　　　　　　　普通型产品（1 000 台）应分配的间接成本

作业动因	作业分配率	作业量	间接成本合计（元）	单位间接成本（元）
调整次数	5 000	20	100 000	100
机器小时	100	10 000	1 000 000	1 000
包装单数量	30	2 000	60 000	60
合计			1 160 000	1 160

因此，豪华型产品单位成本 = 2 000 + 3 340 = 5 340（元/台），普通型产品单位成本 = 800 + 1 160 = 1 960（元/台）。

（3）作业成本法下计算的结果更准确。传统成本法以直接人工工时作为唯一分配标准，普通型设备产量大，直接人工工时多，分配的间接费用高，导致单位成本被高估，而豪华型设备因为产量小，直接人工工时少，分配的间接费用少，导致单位成本被严重地低估。在本题中，间接费用所占比重大，间接费用构成内容不同，引起制造费用的成本动因也不一样，应分别采用不同的分配标准对其进行分摊。

第六章　经营预测

第一节　学习目标

一、学习目标

1. 了解经营预测分析的基本概念、目的、一般程序及基本内容。
2. 理解经营预测与短期经营决策、长期投资决策以及预算的联系及其重要性。
3. 掌握定量和定性两类预测分析方法的特征和关系。
4. 掌握销售预测分析的具体方法和适用条件。
5. 掌握成本预测分析的具体方法和适用条件。
6. 掌握利润预测分析的具体方法和适用条件以及经营杠杆系数在利润预测分析中的应用方法。
7. 掌握资金需要量预测的具体方法和适用条件。
8. 了解销售预测与成本预测、利润预测、资金需要量预测的关系。

二、学习重点与难点

1. 销售预测。销售预测是指在对过去和现在的销售资料进行分析、判断的基础上，对企业某种产品在未来一定时期和区域内的销售量及其变化趋势作出的科学判断、预计和测算。

销售量预测的定性预测方法为统计调查法、专业人员评定法和其他方法。其中，统计调查法包括全面调查、重点调查和抽样调查；专业人员评定法包括经理评定法、推销员意见综合法和德尔菲法；其他方法包括主观概率法、市场因子法和用户期望法。

销售量预测的定量预测方法为趋势预测方法和因果预测方法。其中，趋势预测分析法包括算术平均预测法、一次移动平均法、加权平均预测法、变动趋势平均法和指数平均预测法；因果预测分析法包括直线趋势法、二次曲线趋势法、指数曲线趋势法及多元回归法。

销售状态预测是指根据某种产品现在所处的特定销售状态，经计量、预算而大体上确定该产品的变动趋向，预计它在未来某一特定期间可能出现的销售状态。

市场占有率是指企业经营的某种产品在一定期间内的销售量占市场同类产品销售量的比率。

产品生命周期法是利用产品销售量在不同产品生命周期阶段上的变化趋势进行销售量预测的方法。

2. 成本预测。成本预测是指在编制成本预算之前，根据企业的经营目标，在调查研究的基础上，掌握有关数据，对将来生产产品或提供劳务的成本进行预计和测算，并确定目标成本、预计成本水平和变动趋势的一种管理活动。

对成本变动趋势预测有高低点法和线性回归分析法两种方法。

3. 利润预测。利润对于企业来说是一个非常重要的经济指标。企业在一定时期内生产经营活动的好坏，管理水平的高低，最后都要在利润这一指标上反映出来。利润预测是指按照企业经营目标的要求，通过对影响利润变动的成本、产销量等因素的综合分析，预算企业未来一定期内可能达到的利润水平和变动趋势。

企业未来一定期间目标利润一般可按本量利之间的关系、销售额增长比率、资金利润率和利润增长率等依据测定。

4. 资金需要量预测。资金需要量预测是指对企业未来某一时期内所需的资金量进行的科学预计和判断，它是编制资金预算的必要步骤。

资金增长趋势预测，一般运用回归分析（即最小二乘法）的原理，对过去若干期间销售量和资金量的历史资料进行分析处理。

资金追加需要量预测是指根据销售量和资金量的历史资料，以及未来期间销售收入的预计增长情况，推算为现实预期销售目标所必须增加的资金量。资金追加需要量预测的常用方法是销售百分比法。

资金需要总量预测就是根据追加资金需要量预测的基本原理，推算为现实未来一定期间内销售收入目标所需要的全部资金量。

第二节　练习题

一、名词解释

1. 财务预测　　　　　2. 销售预测　　　　　3. 加权平均预测法

4. 因果预测分析法　　5. 市场占有率　　　　6. 产品生命周期法

7. 成本预测　　　　　8. 线性回归分析法　　9. 利润预测

10. 销售额增长比例法　11. 经营杠杆系数　　　12. 销售百分比法

二、判断题

1. 在以销定产的模式下，销售预测对企业正确进行经营决策、投资决策，提高经济效益具有重要意义。（　　）

2. 使用德尔菲法，不需要进行连续性长期观察，一般适用于短期预测。（　　）

3. 在用算术平均预测法预测某产品未来期间内销售量时，其假设前提是未来的发展是过去某段时期历史的延续。（　　）

4. 根据实际历史数值与预测值的相关程度分别规定不同的权数是运用加权平均法预测销售量的关键。（　　）

5. 算术平均法的优点是考虑了时间序列的变化趋势。（　　）

6. 在运用指数平滑法预测销售量的过程中，平滑系数 a 的取值可以大于 1。（　　）

7. 马尔柯夫预测方法不需要连续不断的历史观察数据，只要有最近的数据资料就可以预测未来。（　　）

8. 和短期经营预测相比，马尔科夫预测对长期经营预测效果更为理想。（　　）

9. 在产品的各个生命周期中，其销售增长率在萌芽期不稳定，成长期最大，成熟期一开始趋于稳定后出现下降，甚至会小于零。（　　）

10. 一般来说，成本预测主要包括成本变动趋势预测和目标成本预测这两种。（　　）

11. 一般来说，因为固定成本的存在，企业利润变动的幅度总是大于企业销量变动的幅度，这种现象称为"经营杠杆"现象。（　　）

12. 在其他条件不变的情况下，销售量与经营杠杆系数变动的方向相同。（　　）

13. 运用销售百分比法预测资金追加需要量时，长期负债及股东权益类项目一般会随着销售的变动而变动。（　　）

14. 如果指数平滑系数的取值越小，则近期的实际销售量对预测销售量的影响也越小；反之，则影响越大。（　　）

15. 成本预测是控制和降低成本，提高经济效益的唯一途径。（　　）

16. 销售预测中的一次移动平均法和加权平均预测法没有任何联系。（　　）

17. 在进行产品销量预测时，指数曲线趋势法不适用于销量大致按比率变动的情况。（　　）

18. 在进行产品销量预测时，产品生命周期法可以作为其他定性、定量分析方法的重要补充。（　　）

19. 在用线性回归分析法进行成本预测时，相关系数 r 的绝对值越接近 1，表明成本与产量的线性关系越密切。（　　）

20. 资金需要总量包括基期实际拥有资金量和下期应追加资金需要量。（　　）

三、单项选择题

1. 下列各种预测方法中的，不属于销售量的定性预测方法的是（　　）。

A. 趋势预测分析法
B. 德尔菲法
C. 经理评定法
D. 推销员意见综合法

2. 预测方法按照预测的性质可分为两大类，是指定性分析法和（　　）。

A. 指数平滑法
B. 回归分析法
C. 定量分析法
D. 平均法

3. 预测分析的内容不包括（　　）。

A. 成本预测
B. 利润预测
C. 所得税预测
D. 资金需要量预测

4. 如果某企业的经营杠杆系数等于1，说明（　　）。

A. 固定成本小于0
B. 固定成本等于0
C. 固定成本大于0
D. 与固定成本的大小无关

5. 销售预测时，采用指数平滑法，平滑系数的取值范围为（　　）。

A. 0 < 平滑系数 < 0.5
B. 0.5 < 平滑系数 < 1
C. 0 ≤ 平滑系数 ≤ 1
D. 平滑系数 > 1

6. 销量预测中，因果预测分析法中最常用的方法是（　　）。

A. 变动趋势平均法
B. 加权平均预测法
C. 高低点法
D. 回归分析法

7. 以下各种销售预测方法中，属于没有考虑远近期销售业务量对未来销售状况会产生不同影响的方法是（　　）。

A. 加权平均法
B. 指数平滑法
C. 移动平均法
D. 算术平均法

8. 假设平滑系数 = 0.4，预测1月份销售量为850台，1月份实际销售量为820台，则预测2月份的销售量为（　　）台。

A. 838
B. 832
C. 835
D. 845

9. 已知某企业2011年利润为450 000元，2012年的经营杠杆系数为1.6，销售量变动率为10%，则预测该企业2012年的利润为（　　）元。

A. 720 000
B. 520 000
C. 522 000
D. 630 000

10. 在产品生命周期中，产品被广大消费者接受，销售量迅速增加的是（　　）。

A. 萌芽期
B. 成长期
C. 成熟期
D. 衰退期

11. 下列各种方法中，可用来预测追加资金需用量的方法是（　　）。

A. 销售百分比法
B. 指数曲线趋势法
C. 高低点法
D. 算术平均法

12. 通过函询方式，在互不通气的前提下向若干经济专家分别征求意见的方法是（　　　）。

    A. 德尔菲法　　　　　　　　　　　B. 专家调查法

    C. 专家意见综合法　　　　　　　　D. 专业人员评定法

13. 下列关于目标成本的计算方法中，错误的是（　　　）。

    A. 目标成本 = 预计销售收入 − 目标利润

    B. 目标成本 = 预计销售收入 − 预计资金利用率 × 平均资金占用额

    C. 目标成本 = 预计销售收入 − 预计销售收入 × 销售利润率

    D. 目标成本 = 预计销售收入 − 上期利润

14. 下列适用于销售业务略有波动的产品的预测方法是（　　　）。

    A. 算术平均法　　　　　　　　　　B. 加权平均法

    C. 移动平均法　　　　　　　　　　D. 指数平滑法

15. 下列关于经营杠杆系数的说法中，正确的是（　　　）。

    A. 在其他条件不变的情况下，销售量与经营杠杆系数的变动方向相同

    B. 成本指标的变动方向与经营杠杆系数的变动方向相反

    C. 单价的变动方向与经营杠杆系数的变动方向相同

    D. 经营杠杆系数越小，经营风险就越小

四、多项选择题

1. 销售量预测中，定性分析有多种方法，具体包括（　　　）。

    A. 统计调查法　　　　　　　　　　B. 专业人员评定法

    C. 主观概率法　　　　　　　　　　D. 加权平均法

2. 销售量预测中，定量分析有多种方法，具体包括（　　　）。

    A. 算术平均预测法　　　　　　　　B. 变动趋势平均法

    C. 多元回归法　　　　　　　　　　D. 二次曲线趋势法

3. 较小的平滑系数可以用于（　　　）情况下的销售预测。

    A. 远期　　　　　　　　　　　　　B. 近期

    C. 波动较小　　　　　　　　　　　D. 波动较大

4. 经营预测属于经营层面的财务预测，具体而言，包括（　　　）。

    A. 成本预测　　　　　　　　　　　B. 销售预测

    C. 利润预测　　　　　　　　　　　D. 资金需要量预测

5. 在采用销售百分比法预测资金追加需要量时，（　　　）等项目一般不随销售的变动而变动。

    A. 应交税费　　　　　　　　　　　B. 无形资产

    C. 长期股权投资　　　　　　　　　D. 长期负债

6. 下列属于运用因果预测分析法来预测产品销售量的有（　　）。

A. 直线趋势法　　　　　　　　　　B. 二次曲线趋势法

C. 指数曲线趋势法　　　　　　　　D. 多元回归法

7. 指数平滑法实质上属于（　　）。

A. 趋势预测分析法　　　　　　　　B. 因果预测分析法

C. 回归分析法　　　　　　　　　　D. 定性分析法

8. 当预测销售量为比较平稳的产品销量时，下列预测方法中，比较好的有（　　）。

A. 修正的时间序列回归法　　　　　B. 因果预测分析法

C. 移动平均法　　　　　　　　　　D. 算术平均法

9. 通过以下（　　）公式的计算，可以得到经营杠杆系数。

A. 利润变动率/销售量变动率　　　　B. 销售量变动率/利润变动率

C. 基期边际贡献额/利润额　　　　　D. 基期利润/基期边际贡献额

10. 一般而言，资金需要量预测主要包括以下（　　）几类。

A. 资金增长趋势　　　　　　　　　B. 资金追加需要量预测

C. 资金利润率预测　　　　　　　　D. 资金需要总量预测

11. 下列各项关系目标利润的计算公式中，正确的有（　　）。

A. 目标利润 = 预计销售数量 ×（预计单位售价 − 预计单位固定成本）− 变动成本总额

B. 目标利润 = 预计销售收入总额 × 综合边际贡献率 − 固定成本总额

C. 目标利润 = 基期销售利润 ×（1 + 预计销售额增长比率）

D. 目标利润 = 基期利润 ×（1 + 经营杠杆系数 × 销售变动率）

12. 在目标成本的预测中，其计算方法一般包括（　　）。

A. 根据销售利润率制定目标成本

B. 根据资金利润率制定目标成本

C. 根据目标销售额制定目标成本

D. 以本企业历史最高的成本作为目标成本

13. 下列各项中，属于企业为实现目标利润应采取措施的有（　　）。

A. 保持其他因素不变，增加销售量

B. 保持其他因素不变，提高单价

C. 保持其他因素不变，增加固定成本

D. 保持其他因素不变，降低固定成本

五、简答题

1. 什么是经营预测？经营预测的主要内容是什么？

2. 简述销售量预测的趋势预测分析法有哪些。

3. 简述成本预测的意义及主要步骤。

4. 经营杠杆产生的原因是什么？经营杠杆系数的变动规律有哪些？

5. 应用销售百分比法进行资金需要量的预测需要按哪些步骤进行？

六、计算与核算题

1. 某企业 2012 年上半年实际销售额情况如表 6-1 所示。

表 6-1

项目	1 月	2 月	3 月	4 月	5 月	6 月
销售额（元）	11 500	12 000	12 500	12 100	12 800	13 500

要求：

（1）用算术平均预测法预测该企业 7 月份的销售额。

（2）用一次移动平均法（m = 3），分别预测该企业 5、6、7 月份的销售额。

（3）假设 4、5、6 月的权数分别为 0.3、0.3 和 0.4，用加权平均法预测该企业 7 月份的销售额。

2. 某企业连续 3 年的有关资料如表 6-2 所示。

表 6-2

项目	2008 年	2009 年	2010 年
销售量（件）	9 000	10 000	10 500
单位边际贡献（元）	45	40	50
固定成本（元）	120 000	150 000	200 000

要求：

（1）利用简化公式求 2009 年和 2010 年的经营杠杆系数。

（2）预测 2011 年的经营杠杆系数。

（3）假设 2011 年预计销售量变动率为 10%，预测 2011 年的利润变动率和利润额。

3. 广东某著名企业近 5 年甲产品产量与成本数据如表 6-3 所示。

表 6-3

项　目	2007 年	2008 年	2009 年	2010 年	2011 年
产量（台）	250	200	300	360	400
总成本（元）	275 000	240 000	315 000	350 000	388 000
固定成本总额（元）	86 000	88 000	90 000	89 000	92 000
单位变动成本（元）	756	760	750	725	740

要求：若 2012 年预计产量 450 台，试分别用高低点法、回归分析法预测 2012 年甲

产品的总成本和单位成本。

4. 某公司 2011 年度实现销售额为 6 000 万元，获得税后净利 240 万元，并发放了普通股股利 120 万元，假定该公司固定资产利用率已经饱和。该公司 2011 年底的资产负债表如表 6 - 4 所示。

表 6 - 4

资产负债表
2011 年 12 月 31 日
单位：万元

资产		负债及所有者权益	
货币资金	300	应付账款	720
应收账款	960	应交税费	480
存货	1 200	长期借款	1 760
固定资产（净值）	1 920	实收资本	1 800
无形资产	300	未分配利润	360
合计	4 680	合计	4 680

若该公司在计划期间（2012 年）销售额增至 90 000 000 元，并仍按 2011 年股利发放率支付股利；按折旧计划提取 3 000 000 元折旧，其中 50% 用于设备改造。又假定计划期间零星资金需要量应增加 1 200 000 元，要求：预测计划期（2012 年）需要追加资金的数量。

七、案例分析题

李莉是某类产品分部的销售经理。她正应分部经理的要求对新的纸产品进行销售预测。分部经理正在收集有关数据，以对两种不同的生产工序进行选择。第一种生产工序每箱变动成本为 10 元，固定成本为 100 000 元。第二种生产工序每箱变动成本为 6 元，固定成本为 200 000 元。每箱价格为 30 元。李莉已经完成了销售分析，预计年度销售量将为 30 000 箱。

李莉不愿向分部经理报告该预测结果。她知道第一种生产工序为劳动密集型，而第二种生产工序为自动化生产，只需要少数工人，不需要现场管理人员。如果选择第一种生产工序，她的好朋友张强就会被任命为生产主管。而如果选择第二种生产程序，张强和生产线的工人都会被解雇，仔细考虑后，李莉决定把预计销售量下调至 22 000 箱。

她认为下调是合理的。由于这将使分部经理选择手工系统，因此，密切关系到是否要保留目前员工的问题。而她担心，分部经理很可能不太关注这一问题。他太专注于决策上的定量因素，以致常常忽略了定性的方面。

要求：

（1）计算每种生产工序的盈亏平衡点。

（2）计算两种生产工序实现相同利润时的销售量。确定手工系统比自动化系统盈利更多的范围。确定自动化系统比手工系统盈利更多的范围。部门经理为什么要进行销售预测?

（3）讨论李莉改变销售预测的决定。你赞同她的决定吗?

第三节　习题参考答案

一、名词解释

1. 财务预测是指财务人员根据过去和现在的财务会计资料以及其他资料,运用科学的方法对未来可能发生的销售、成本、利润、资金需要量等财务数据所进行的推测、估算预计。

2. 销售预测是指在对过去和现在的销售资料进行分析、判断的基础上,对企业某种产品在未来一定时期和区域内的销售量及其变化趋势作出的科学判断、预测和测算。

3. 加权平均预测法是根据各个实际历史数据与预测值的相关程度分别规定不同的权数,然后进行平均,以求得预测值的一种方法。

4. 因果预测分析即把对销量有决定性作用的因素看作"因",把销售量看作"果",进而找出销售量与相关因素之间的函数关系,最后利用此函数对销售量进行预测。

5. 市场占有率是指企业经营的某种产品在一定期间内的销售量占市场同类产品销售比例。

6. 产品生命周期法预测是利用产品销售量在不同产品生命周期阶段上的变化趋势进行销售量预测的方法。

7. 成本预测是指根据企业的经营目标,在调查研究的基础上,掌握有关数据,对将来生产产品或提供劳务的成本进预计和测算,并确定目标成本、预计成本水平和变动趋势的一种管理活动。

8. 线性回归分析法是根据若干期的产量、成本及其相互间的回归关系,确定成本预测回归方程式,寻求其变化规律的一种成本预测方法。

9. 利润预测是指按照企业经营目标的要求,通过对影响利润变动成本、产销量等因素的综合分析,测算企业未来一定时期内可能达到的利润水平和变动趋势。

10. 销售额增长比例法是以基期实际销售利润与销售额预计增长比率为依据计算目标利润的方法。

11. 经营杠杆系数是利润变动率与销售量变动率的比率,亦是边际贡献额与利润额的比率。

12. 销售百分比法是根据资金各个项目与销售收入总额之间的依存关系,按照计划期销售额的增长情况来预测需要相应追加多少资金。

二、判断题

1. √　2. ×　3. √　4. √　5. ×　6. ×　7. √　8. ×　9. ×　10. √　11. √　12. ×　13. ×　14. √　15. ×　16. ×　17. ×　18. √　19. √　20. √

三、单项选择题

1. A　2. C　3. C　4. B　5. C　6. D　7. D　8. A　9. A　10. B　11. A　12. A　13. D　14. C　15. D

四、多项选择题

1. ABC　2. ABCD　3. AC　4. ABCD　5. BCD　6. ABCD　7. AD　8. CD　9. AC　10. ABD　11. BCD　12. AB　13. ABD

五、简答题

1. 什么是经营预测？经营预测的主要内容是什么？

答：财会人员根据过去和现在的财务会计资料以及其他资料，运用科学的方法对未来可能发生的销售、成本、利润、资金需要量等财务数据所进行的推测、估算和预测称为经营层面的财务预测。财务预测的主要目的在于加强财务和会计工作的科学性、预见性，为提高企业的经济效益服务。财务预测是财务决策的前提，也是财务计划、预算和财务控制的基础。基于经营层面的财务预测是经营预测，主要包括销售预测、成本预测、利润预测和资金需要量预测四个基本内容。

2. 简述销售量预测的趋势预测分析法有哪些。

答：销售量的趋势预测分析法包括以下几种：

（1）算术平均预测法。此法是对某产品在过去若干期间内的实际销售量进行简单平均计算，以其平均值作为该产品未来期间内销售量预测值的一种预测方法。

（2）一次移动平均法。此法是对某产品过去若干期间内的实际销售量分段（即按连续且与未来期间相关的若干期间）进行平均计算，以其平均值作为该产品未来期间销售量预测值的一种预测方法。

（3）加权平均预测法。此法根据各个实际历史数值与预测值的相关程度分别规定不同的权数，然后进行加权平均，以求得预测值的一种方法。

（4）变动趋势法。此种方法在移动平均法计算 n 期时间序列移动平均值的基础上，进一步计算趋势值的移动平均值，最后利用特定基期销售量移动平均值和趋势值移动平均值来预测未来销售量的一种方法。

（5）指数平均预测法。此法是在加权平均法的基础上发展起来的一种方法，它是将历史资料用平滑系数作为权数来预测销售量。

3. 简述成本预测的意义及主要步骤。

答：当前，国际市场和国内市场千变万化，企业竞争十分激烈，企业想在复杂多变的环境中求得生存和发展，就必须改善经营管理，提高企业素质，增强竞争能力。这就给会计工作者提出了新的要求，不能再像过去那样停留在烦琐的成本计算和事后的成本分析上。也就是说，成本管理不能仅仅反映实际生产耗费和分析成本升降的原因，更重要的是着眼于未来，争取在经济生活发生的事前进行成本控制。要做到这一点，首先就要进行事前的成本预测，做好成本的规划，并据此制定出目标成本，尽量避免在事中和事后出现超标准浪费。因此，成本预测是控制和降低成本，提高经济效益的重要途径。

一般来说，成本预测主要包括成本变动趋势预测和目标成本预测。成本预测的程序主要分为以下几个步骤：

（1）确定成本的预测对象和预测期限。

（2）收集和分析历史数据。

（3）建立预测模型。

（4）分析评价。

（5）修正预测数据并确定目标成本。

4. 经营杠杆产生的原因是什么？经营杠杆系数的变动规律有哪些？

答：经营杠杆的产生是因为固定成本的存在。经营杠杆系数存在以下变动规律：

（1）在盈利的情况下，只要固定成本不等于零，经营杠杆系数就恒大于1。

（2）在其他条件不变的情况下，销售量与经营杠杆系数的变动方向相反。

（3）成本指标的变动方向与经营杠杆系数的变动方向相同。

（4）单价的变动与经营杠杆系数的变动方向相反。

（5）在同一销售水平上，经营杠杆系数越大，利润变化幅度越大，经营风险也就越大。

5. 应用销售百分比法进行资金需要量的预测需要按哪些步骤进行？

答：应用销售百分比法进行资金需要量的预测一般按以下几个步骤进行：

（1）分析研究资产负债表各个项目与销售收入总额之间的依存关系。主要包括：

①资产类项目。周转中的货币资金，应收账款、应收票据和存货等项目，一般都会因销售额的增长而相应增加。而固定资产项目是否要增加，应视基期的固定资产是否已被充分利用而定。长期投资、无形资产等项目，一般不随销售额的变化而变化。

②负债及权益类项目。应付账款、应付票据、应交税费等项目，通常会因销售的增长而相应增加，如果企业实行计件工资制，则应付工资项目随生产和销售的增长而相应增加；长期负债及股东权益类项目一般不随销售的变动而变动。

（2）计算基期的销售百分比。根据基期资产负债表，将与销售额存在依存关系的项目，按基期销售收入计算其金额占销售额的百分比。

（3）计算计划期间预计需要追加的资金数量。

六、计算与核算题

1. 解：

（1）预测 7 月份的销售额 x =（11 500 + 12 000 + 12 500 + 12 100 + 12 800 + 13 500）/6 = 12 400（元）

（2）预测 5 月份的销售额 M_5 =（12 000 + 12 500 + 12 100）/3 = 12 200（元）

预测 6 月份的销售额 M_6 =（12 500 + 12 100 + 12 800）/3 = 12 467（元）

预测 7 月份的销售额 M_7 =（12 100 + 12 800 + 13 500）/3 = 12 800（元）

（3）预测 7 月份的销售额 y = 0.3 × 12 100 + 0.3 × 12 800 + 0.4 × 13 500 = 12 870（元）

2. 解：

（1）由经营杠杆系数（DOL）=基期边际贡献额/利润额，可得：

2009 年的经营杠杆系数为 DOL_{2009} = 45 × 9 000/（45 × 9 000 - 120 000）= 1.42

2010 年的经营杠杆系数为 DOL_{2010} = 40 × 10 000/（40 × 10 000 - 150 000）= 1.60

（2）2011 年的经营杠杆系数为 DOL_{2011} = 50 × 10 500/（50 × 10 500 - 200 000）= 1.62

（3）2011 年利润变动率 = DOL_{2011} × 10% = 16.2%

2011 年利润额 =（50 × 10 500 - 200 000）×（1 + 16.2%）= 377 650

3. 解：

高低点法：

从表中找出高点：(x_H, y_H) =（400,388 000），低点：(x_L, y_L) =（200,240 000）

b =（y_H - y_L）/（x_H - x_L）

= （388 000 - 240 000）/（400 - 200）

= 740（元）

a = 388 000 - 740 × 400

= 92 000（元）

故预测成本总额为：

y = a + bx

= 92 000 + 740 × 450 = 425 000（元）

回归分析法：计算过程如表 6 - 5 所示。

表 6 - 5

n	x（产量）	y（总成本）	xy	x^2	y^2
1	250	275 000	68 750 000	62 500	75 625 000 000
2	200	240 000	48 000 000	40 000	57 600 000 000

续表

n	x（产量）	y（总成本）	xy	x^2	y^2
3	300	315 000	94 500 000	90 000	99 225 000 000
4	360	350 000	126 000 000	129 600	122 500 000 000
5	400	388 000	155 200 000	160 000	150 544 000 000
Σ	1 510	1 568 000	492 450 000	482 100	505 494 000 000

$$相关系数\ r = \frac{5 \times 492\,450\,000 - 1\,510 \times 1\,568\,000}{\sqrt{(5 \times 482\,100 - 1\,510^2)(5 \times 505\,494\,000\,000 - 1\,568\,000^2)}}$$

$$= \frac{2\,462\,250\,000 - 2\,367\,680\,000}{\sqrt{(2\,410\,500 - 2\,280\,100)(2\,527\,470\,000\,000 - 2\,458\,624\,000\,000)}}$$

$$= \frac{94\,570\,000}{\sqrt{130\,400 \times 68\,846\,000\,000}}$$

$$= 0.998$$

计算出的相关系数接近1，表明成本与产量线性关系密切。

计算回归系数：

b = $(5 \times 492\,450\,000 - 1\,510 \times 1\,568\,000)/(5 \times 482\,100 - 1\,510^2) = 725.23$（元/台）

a = $(1\,568\,000 - 725.23 \times 1\,510)/5 = 94\,580.54$（元）

于是，我们可预测产量为450台时的成本额：

y = $94\,580.54 + 725.23 \times 450 = 420\,934.04$（元）

4. 解：根据上年末的资产负债表各项目与销售额的依存关系，计算填制用销售百分比形式反映的资产负债表如表6-6所示。

表6-6　　　　　　　　　　按销售百分比反映的资产负债表　　　　　　　　单位：%

资产		负债及所有者权益	
货币资金	5	应付账款	12
应收账款	16	应交税费	8
存货	20	长期借款	—
固定资产（净值）	32	实收资本	—
无形资产	—	未分配利润	—
A/s_0 合计	73	L/s_0 合计	20

所以，2012年需要追加资金的数量为：

$(A/s_0 - L/s_0)(s_1 - s_0) - D - s_1 \times R \times (1 - d) + M$

$= (73\% - 20\%)(9\,000 - 6\,000) - 300 \times (1 - 50\%) - 9\,000 \times (240/6\,000) \times (1 - 120/240) + 120$

$= 1\,380$（万元）

七、案例分析

答案提示：

（1）参考公式：盈亏平衡点＝固定成本/（单价－单位变动成本）

（2）销售预测是指在对过去和现在的销售资料进行分析、判断的基础上，对企业某种产品在未来一定时期和区域内的销售量及其变化趋势作出的科学判断、预计和测算。通过销售预测，可以调动销售人员的积极性，促使产品尽早实现销售，以完成使用价值向价值的转变，同时，能合理有效管理产品库存，经过预测可对产品设立库存预警，对生产进度的安排具有指导意义。

（3）通过比较两种决定的利润，来判断新的决定是否合理。

第四节　教材习题参考答案

一、思考题

略。

二、本章练习题

1. 解：

（1）（24 000 ＋ 23 600 ＋ 28 000 ＋ 25 400 ＋ 26 000 ＋ 27 000）÷ 6 ＝ 25 666. 67（元）

（2）27 000 × 0.6 ＋ 27 800 × （1 － 0.6）＝ 27 320（元）

2. 解：

b ＝（388 000 － 240 000）÷（400 － 200）＝ 740

a ＝ 388 000 － 400 × 740

　＝ 92 000

由此可得混合成本公式为：y ＝ 740x ＋ 92 000

2021 年甲产品的总成本 ＝ 740 × 450 ＋ 92 000 ＝ 425 000（元）

3. 解：

（1）2009 年的边际贡献总额 ＝（50 － 27.5）× 6 000 ＝ 135 000（元）

2009 年的利润总额 ＝ 135 000 － 40 000 ＝ 95 000（元）

2010 年的经营杠杆系数 ＝ 135 000 ÷ 95 000 ＝ 1.42

（2）2010 年的利润变动率 ＝ 1.42 × 5% ＝ 7.1%

2010 年的利润额 = 95 000 × (1 + 7.1%) = 101 745 (元)

4. 解：

(1) 该公司本年利润 = (30 - 20) × 40 000 - 300 000 = 100 000 (元)

如果明年的利润要提高 40%，即提高 40 000 元(100 000 × 40%)，提高后的利润总额为 140 000 元则单位变动成本应降低为 1 元可实现此目标，降低率为 5% (1 ÷ 20)。

(2) 若单独控制固定成本，则需要把固定成本控制为 260 000 元才能实现目标利润。

(3) 若只是提高售价，售价要提高 1 元可以实现目标，若增加产量，产量增加 4 000 件才可以实现目标。

5. 解：

公司的敏感性资产数额 = 1 155 000 - 60 000 - 80 000 = 1 015 000 (元)

公司敏感性负债数额 = 120 000 + 75 000 = 195 000 (元)

计划期间预计需要追加的资金数量 = (1 015 000 - 195 000) ÷ 1 000 000 × (1 200 000 - 1 000 000) - 80 000 × 100% - 1 200 000 × (50 000 ÷ 1 000 000) × (20 000 ÷ 50 000) + 40 000 = 100 000 (元)

第七章 全面预算

第一节 学习指导

一、学习目标

1. 了解并能解释全面预算的主要内容、作用。
2. 理解并掌握编制全面预算的程序和步骤。
3. 理解全面预算的编制方法及每一种方法的特点。
4. 编制经营预算相关的各种预算表。
5. 编制财务预算，特别是现金预算。
6. 编制一个企业的全面预算。

二、学习重点

注意把握经营预算、专门决策预算和财务预算之间的勾稽关系；熟练掌握各种预算编制方法，准确理解各种预算编制方法的实质和适用范围，并能针对不同的企业环境和管理要求，有效实施预算管理。

三、学习难点

现金预算是整个预算编制中的重点和难点。因为现金预算具有综合性，不管什么预算都要花钱或收钱，所以现金预算是一个总闸门。而要编制好现金预算，必须编制好经营预算，尤其是主要经营现金流入预算——销售预算和主要经营现金流出预算——外购材料预算。同时，还要考虑到企业其他各方面的现金流入和流出的情况。编制工作需要细致和严谨。

第二节　练习题

一、名词解释

1. 全面预算　　　　　2. 经营预算　　　　　3. 专门决策预算
4. 财务预算　　　　　5. 固定预算　　　　　6. 弹性预算
7. 增量预算　　　　　8. 零基预算　　　　　9. 定期预算
10. 滚动预算

二、判断题

1. 预计生产量 = 预计销售量 + 预计期末产成品存货量 − 预计期初产成品存货量。
（　　）

2. 销售预算是以生产预算为基础编制的。（　　）

3. 在编制制造费用预算时，需要将固定资产折旧从固定制造费用中扣除。（　　）

4. 零基预算是根据企业上期的实际经营情况，考虑本期可能发生的变化编制出的预算。（　　）

5. 预计财务报表的编制程序是先编制预计资产负债表，再编制预计利润表。
（　　）

6. 若采用固定预算法，编制预算的工作量将会增加。（　　）

7. 编制产品单位成本预算时，可以按照完全成本法和变动成本法两种方法编制，变动成本法下单位产品成本由直接材料、直接人工、变动制造费用三个成本项目构成。
（　　）

8. 销售预算是编制全面预算的起点，也是编制其他各项预算的基础。（　　）

9. 企业购置固定资产应该编制专门决策预算。（　　）

10. 预算委员会主要负责制定预算调整方案。（　　）

三、单项选择题

1. 不受前期费用项目和费用水平限制，并能够克服增量预算法缺点的预算方法是（　　）。
A. 弹性预算法　　　　　　　　B. 固定预算法
C. 零基预算法　　　　　　　　D. 滚动预算法

2. 在下列预算方法中，能够适应多种业务量水平并能克服固定预算方法缺点的是（　　）。

A. 弹性预算方法　　　　　　　　　　B. 增量预算方法

C. 零基预算方法　　　　　　　　　　D. 滚动预算方法

3. 年度预算的编制关键和起点是（　　）。

A. 生产预算　　　　　　　　　　　　B. 现金预算

C. 销售预算　　　　　　　　　　　　D. 直接材料预算

4. （　　）拟定企业预算编制与管理的原则和目标。

A. 预算管理部　　　　　　　　　　　B. 预算委员会

C. 财务部门　　　　　　　　　　　　D. 销售部门

5. 下列预算中，在编制时不需以生产预算为基础的是（　　）。

A. 变动制造费用预算　　　　　　　　B. 销售费用预算

C. 产品成本预算　　　　　　　　　　D. 直接人工预算

6. 直接材料预算的主要编制基础是（　　）。

A. 销售预算　　　　　　　　　　　　B. 现金预算

C. 生产预算　　　　　　　　　　　　D. 产品成本预算

7. 直接人工预算额＝（　　）×单位产品直接人工工时×小时工资率

A. 预计生产量　　　　　　　　　　　B. 预计工时量

C. 预计材料消耗量　　　　　　　　　D. 预计销售量

8. 变动制造费用预算编制的基础是（　　）。

A. 直接材料预算　　　　　　　　　　B. 制造费用预算

C. 销售预算　　　　　　　　　　　　D. 生产预算

9. 某企业每季度销售收入中，本季度收到现金60%，另外的40%要到下季度才能收回现金。若预算年度的第四季度销售收入为80 000元，则预计资产负债表中年末"应收账款"项目金额为（　　）元。

A. 32 000　　　　B. 48 000　　　　C. 80 000　　　　D. 40 000

10. 某企业编制第四季度的直接材料消耗与采购预算，预计季初材料存量为500千克，季度生产需用量为2 500千克，预计期末存量为300千克，材料采购单价为10元，若材料采购货款有40%当季付清，另外60%在下季度付清，则该企业预计资产负债表年末"应付账款"项目为（　　）元。

A. 10 800　　　　B. 13 800　　　　C. 23 000　　　　D. 6 200

四、多项选择题

1. 销售预算的主要内容有（　　）。

A. 销售数量　　　B. 销售单价　　　C. 销售收入　　　D. 销售费用

2. 与生产预算有直接关系的预算有 （　　　）。

A. 直接材料预算　　　　　　　　　　　B. 变动制造费用预算

C. 销售及管理费用预算　　　　　　　　D. 直接人工预算

3. 在编制生产预算时，计算某种产品预计生产量应考虑的因素包括 （　　　）。

A. 预计材料采购量　　　　　　　　　　B. 预计产品销售量

C. 预计期初产品存货量　　　　　　　　D. 预计期末产品存货量

4. 通常完整的全面预算应包括 （　　　）三部分。

A. 经营预算　　　　B. 财务预算　　　　C. 销售预算　　　　D. 专门决策预算

5. 下列属于经营预算内容的有 （　　　）。

A. 生产预算　　　　B. 销售预算　　　　C. 现金预算　　　　D. 制造费用预算

6. 财务预算包括 （　　　）。

A. 现金预算表　　　　　　　　　　　　B. 资本支出预算

C. 预计利润表　　　　　　　　　　　　D. 预计资产负债表

7. 现金预算是各有关现金收支预算的汇总，通常包括 （　　　）。

A. 现金收入　　　　　　　　　　　　　B. 现金支出

C. 现金余缺　　　　　　　　　　　　　D. 资金筹集与运用

8. 常用的预算编制方法包括 （　　　）。

A. 固定预算　　　　B. 滚动预算　　　　C. 弹性预算　　　　D. 零基预算

9. 预计财务报表的编制基础包括 （　　　）。

A. 现金预算　　　　　　　　　　　　　B. 销售预算

C. 单位成本预算　　　　　　　　　　　D. 销售及管理费用预算

10. 产品单位成本预算的数据来源于 （　　　）。

A. 直接材料预算　　　　　　　　　　　B. 直接人工预算

C. 制造费用预算　　　　　　　　　　　D. 销售及管理费用预算

五、简答题

1. 简述零基预算的主要优缺点。

2. 经营预算包括哪些主要内容？为什么说销售预算是编制关键？

六、计算与核算题

1. 某制造厂期初存货 500 件，本期预计销售 2 000 件。

要求：

（1）如果预计期末存货 1 000 件，本期应生产多少件？

（2）如果预计期末存货 800 件，本期应生产多少件？

2. 假定预算期生产量为 250 件，每件产品耗费人工 50 个小时，每人工小时价格为 25 元。

要求：计算直接人工预算。

3. 某企业 2021 年有关预算资料如下：

（1）预计该企业 3 ~ 7 月份的销售收入分别为 30 000 元、40 000 元、50 000 元、60 000 元、70 000 元。每月销售收入中，当月收到现金 30%，下月收到现金 70%。

（2）各月直接材料采购成本按下一个月销售收入的 60% 计算。所购材料款于当月支付现金 50%，下月支付现金 50%。

（3）预计该企业 4 ~ 6 月份的制造费用分别为 3 000 元、3 600 元、3 200 元，每月制造费用中包括折旧费 600 元。

（4）预计该企业 4 月份购置固定资产需要现金 10 000 元。

（5）企业在 3 月末有长期借款 14 000 元，利息率为 15%。

（6）预计该企业在现金不足时，向银行申请短期借款（为 1 000 元的整数倍）；现金有多余时归还银行借款（为 1 000 元的整数倍）。借款在期初，还款在期末，借款年利率 12%。

（7）预计该企业期末现金余额的规定范围是 6 000 ~ 7 000 元，长期借款利息每季度末支付一次，短期借款利息还本时支付，其他资料见现金预算表（表 7 - 1）。

要求：根据以上资料，完成该企业 4 ~ 6 月份现金预算的编制工作（表 7 - 1）。

表 7 - 1　　　　　　　　　　　　现金预算表　　　　　　　　　　　　单位：元

项目	4 月	5 月	6 月
期初现金余额	6 000		
经营性现金收入			
可供使用现金			
经营性现金支出：			
直接材料采购支出			
直接工资支出	1 000	2 500	1 800
制造费用支出			
其他付现费用	700	800	650
预交所得税	—	—	7 000
资本性现金支出			
现金余缺			
取得短期借款			
偿还短期借款			
支付利息			
期末现金余额			

七、案例分析题

红星公司是一家商业企业，它按季来编制全面预算。公司在上半年取得了不错的业绩，为了在第三季度保持住这种良好的势头，更加合理地安排资金，拟编制第三季度的预算。公司汇集了如下的资料：

（1）2021 年 6 月 30 日，公司资产负债表数据（见表 7 - 2）。

表 7 - 2   单位：元

资产	金额	负债及股东权益	金额
库存现金	150 000	短期借款	—
应收账款	120 000	应付账款	68 000
存货	40 000	股本	400 000
固定资产（净值）	200 000	留存收益	42 000
资产合计	510 000	负债及股东权益合计	510 000

（2）红星公司实际与预算销售数据（见表 7 - 3）。

表 7 - 3   单位：元

月份	销售收入
6（实际）	300 000
7	350 000
8	400 000
9	450 000
10	500 000

（3）销售情况为现金销售 60%，赊销（下月收款）40%。

（4）销售毛利率为 40%。

（5）购货付款当月支付 50%，购货次月支付 50%。

（6）最低存货占下月销售成本的 20%。

（7）预计每月的营业费用如表 7 - 4 所示。

表 7 - 4   单位：元

工资费用	36 000
销售运费	占销售额 5%
销售佣金	占销售额 3%
广告费	6 000

续表

工资费用	36 000
折旧费	4 000
其他费用	占销售额2%

（8）所需最低现金余额为50 000元。

（9）贷款利率为12%，利息每月以现金支付。

（10）7月份将用现金255 000元购买设备，故预计从下月起每月折旧费将达到5 000元。

（11）每月将支付股利10 000元，预交所得税10 000元。

（12）本例中，假定需要现金时在月底借入（借款额为1 000的倍数），当有现金结余时在月底偿还；在月底，本月未偿还的短期借款余额需按12%的年利率支付利息。

要求：根据以上数据，完成表7-5至表7-11。

表7-5　　　　　　　　　　　　　　　销售预算　　　　　　　　　　　　　　　　单位：元

项目	7 月	8 月	9 月	合计
现销（60%）				
赊销（40%）				
总销售额				
销售现金收入：				
现金销售				
收回上月款				
现金收入总额				

表7-6　　　　　　　　　　　　　　　采购预算　　　　　　　　　　　　　　　　单位：元

项目	7 月	8 月	9 月	合计
期末存货				
销售存货				
合计				
减：期初存货				
购货总额				

表7-7　　　　　　　　　　　　　　　购货现金支出　　　　　　　　　　　　　　　单位：元

项目	7 月	8 月	9 月	合计
支付本月购货				
支付上月购货				
现金支出总额				

表 7 – 8　　　　　　　　　　　　　　**销售与管理费用预算**　　　　　　　　　　单位：元

项目	7 月	8 月	9 月	合 计
现金费用：				
工资费用				
销售运费				
销售佣金				
广告费用				
其他费用				
费用支出合计				
非现金费用：				
折旧费用				
费用合计				

表 7 – 9　　　　　　　　　　　　　　　**现金预算**　　　　　　　　　　　　单位：元

项目	7 月	8 月	9 月
期初现金余额			
现金收入			
可动用现金总额			
现金支出			
购货支出			
营业费用			
购买设备			
支付股利			
所得税			
现金支出合计			
现金余缺			
短期借款			
归还借款			
支付利息			
期末现金余额			

表 7 – 10　　　　　　　　　　　　　　**预计利润表**　　　　　　　　　　单位：元

项目	7 月	8 月	9 月	合 计
销售收入				
销售成本				
销售毛利				

续表

项目	7 月	8 月	9 月	合计
营业费用：				
工资费用				
销售运费				
销售佣金				
广告费用				
其他费用				
折旧费用				
利息费用				
费用合计				
利润总额				
所得税				
净利润				

表 7 – 11　　　　　　　　　　预计资产负债表　　　　　　　　　单位：元

项目	7 月	8 月	9 月
资产			
流动资产			
库存现金			
应收账款			
存货			
流动资产合计			
固定资产（净值）			
资产合计			
负债及股东权益合计			
负债			
短期借款			
应付账款			
负债合计			
股东权益			
股本			
留存收益			
股东权益合计			
负债及股东权益合计			

第三节　习题参考答案

一、名词解释

1. 全面预算是指在预测分析和决策分析的基础上，对所有经营活动、投资活动和财务活动进行统筹安排，合理配置企业的各项资源，以有效地组织、指挥、协调和控制企业的各项经济活动，完成和实现企业既定的经营目标。

2. 经营预算是指企业预算期日常发生的基本业务活动的预算，主要包括销售预算、生产预算、直接材料预算、直接人工预算、制造费用预算、单位产品成本与期末存货成本预算、销售与管理费用预算等。

3. 专门决策预算是指企业为不经常发生的非基本业务活动所编制的预算，如企业根据长期投资决策编制的资本支出预算，根据融资决策编制的筹资预算，根据股利政策编制的股利分配预算等。

4. 财务预算是指反映企业预算期现金收支、经营成果和财务状况的预算，包括现金预算、预计利润表、预计资产负债表等。

5. 固定预算又称静态预算法，是指在编制预算时，只根据预算期内正常、可实现的某一固定的业务量（如生产量、销售量等）水平作为唯一基础来编制预算的方法。

6. 弹性预算又称为动态预算法，是指在成本性态分析的基础上，依据业务量、成本和利润之间的联动关系，按照预算期内可能的一系列业务量（如生产量、销售量、工时等）水平编制的预算方法。

7. 增量预算是以基期的费用水平为基础，根据预算期内有关业务量的变化，对基期的费用水平做适当的调整，以确定预算期的预算数。

8. 零基预算是"以零为基础编制预算"的方法，采用零基预算法在编制费用预算时，不考虑以往期间的费用项目和费用数额，主要根据预算期的需要和分析费用项目和费用数额的合理性，综合平衡编制费用预算。

9. 定期预算是以固定不变的会计期间（如年度、季度、月份）作为预算期间编制预算的方法。

10. 滚动预算又称连续预算或永续预算，是在上期预算完成情况的基础上，调整和编制下期预算，并将预算期间逐期连续向后滚动推移，使预算期间保持固定的时期跨度。

二、判断题

1. √　2. ×　3. √　4. ×　5. ×　6. ×　7. √　8. √　9. √　10. ×

三、单项选择题

1. C　2. A　3. C　4. B　5. B　6. C　7. A　8. D　9. A　10. B

四、多项选择题

1. ABC　2. ABD　3. BCD　4. ABD　5. ABD　6. ACD　7. ABCD　8. ABCD
9. ABCD　10. ABC

五、简答题

1. 简述零基预算的主要优缺点。

答：零基预算不受现有费用项目和开支水平的影响和制约，而是以零为起点，从而避免了原来不合理的费用开支对预算期费用预算的影响，具有能够充分合理、有效地配置资源，减少资金浪费的优点，特别适用于那些较难分辨其产出的服务性部门。但是，零基预算的方案评级和资源分配具有较大的主观性，容易引起部门间的矛盾。

2. 经营预算包括哪些主要内容？为什么说销售预算是编制关键？

答：经营预算主要包括销售预算、生产预算、直接材料预算、直接人工预算、制造费用预算、单位产品成本与期末存货成本预算、销售与管理费用预算等。

在社会主义市场经济条件下，企业的生存取决于市场对企业的接纳程度，取决于企业能否生产出适销对路、质量合格、满足市场需要的产品，市场决定着企业的生存和发展。对企业产品的销售预测，也可以说是对企业生产和发展的预测。

在以销定产的方式下，有关产品销售的预算对生产预算、产品成本预算、利润预算以及资金需要量预算等起着决定性的作用。销售预算是全面预算编制的起点，也是编制其他各项预算的基础，正确地编制销售预算是保证全面预算质量的关键。

六、计算与核算题

1. 解：

（1）本期生产量 $= 1\,000 + 2\,000 - 500 = 2\,500$（件）

（2）本期生产量 $= 800 + 2\,000 - 500 = 2\,300$（件）

2. 解：

直接人工预算额 $= 250 \times 50 \times 25 = 312\,500$（元）

3. 解：编制的 4～6 月份现金预算表，如表 7 – 12 所示。

表 7 – 12　　　　　　　　　　　　　　　**现金预算表**　　　　　　　　　　　　　单位：元

项目	4 月	5 月	6 月
期初现金余额	6 000	6 900	6 520
经营性现金收入	40 000 × 30% + 30 000 × 70% = 33 000	50 000 × 30% + 40 000 × 70% = 43 000	60 000 × 30% + 50 000 × 70% = 53 000
可供使用现金	39 000	49 900	59 520
经营性现金支出：			
直接材料采购支出	50 000 × 60% × 50% + 40 000 × 60% × 50% = 27 000	60 000 × 60% × 50% + 50 000 × 60% × 50% = 33 000	70 000 × 60% × 50% + 60 000 × 60% × 50% = 39 000
直接工资支出	1 000	2 500	1 800
制造费用支出	3 000 − 600 = 2 400	3 600 − 600 = 3 000	3 200 − 600 = 2 600
其他付现费用	700	800	650
预交所得税	—	—	7 000
资本性现金支出	10 000		
现金余缺	6 000 + 33 000 − 27 000 − 1 000 − 2 400 − 700 − 10 000 = − 2 100	6 900 + 43 000 − 33 000 − 2 500 − 3 000 − 800 = 10 600	6 520 + 53 000 − 39 000 − 1 800 − 2 600 − 650 − 7 000 = 8 470
取得短期借款	9 000		
偿还短期借款		− 4 000	− 1 000
支付利息		− 4 000 × 1% × 2 = − 80	− 14 000 × 15% × 3/12 + (− 1 000 × 12% × 3/12) = − 525 − 30 = − 555
期末现金余额	6 900	6 520	6 915

七、案例分析题

解：

（1）销售预算如表 7 – 13 所示。

表 7 – 13　　　　　　　　　　　　　　　　**销售预算**　　　　　　　　　　　　　单位：元

项目	7 月	8 月	9 月	合计
现销（60%）	210 000	240 000	270 000	720 000
赊销（40%）	140 000	160 000	180 000	480 000
总销售额	350 000	400 000	450 000	1 200 000
销售现金收入：				
现金销售	210 000	240 000	270 000	720 000
收回上月款	120 000	140 000	160 000	420 000
现金收入总额	330 000	380 000	430 000	1 140 000

（2）采购预算如表7-14所示。

表7-14 采购预算 单位：元

项目	7月	8月	9月	合计
期末存货	48 000	54 000	60 000	162 000
销售存货	210 000	240 000	270 000	720 000
合计	258 000	294 000	330 000	882 000
减：期初存货	40 000	48 000	54 000	142 000
购货总额	218 000	246 000	276 000	740 000

其中：每月销售成本＝每月销售额×（1－毛利率），则：

7月销售成本：350 000×60%＝210 000（元）

8月销售成本：400 000×60%＝240 000（元）

9月销售成本：450 000×60%＝270 000（元）

10月销售成本：500 000×60%＝300 000（元）

每月存货成本＝下月销售成本×20%，则：

7月末存货：240 000×20%＝48 000（元）

8月末存货：270 000×20%＝54 000（元）

9月末存货：300 000×20%＝60 000（元）

（3）购货现金支出预算如表7-15所示。

表7-15 购货现金支出 单位：元

项目	7月	8月	9月	合计
支付本月购货	109 000	123 000	138 000	370 000
支付上月购货	68 000	109 000	123 000	300 000
现金支出总额	177 000	232 000	261 000	670 000

（4）销售与管理费用预算如表7-16所示。

表7-16 销售与管理费用预算 单位：元

项目	7月	8月	9月	合计
现金费用：				
工资费用	36 000	36 000	36 000	108 000
销售运费	17 500	20 000	22 500	60 000
销售佣金	10 500	12 000	13 500	36 000
广告费用	6 000	6 000	6 000	18 000
其他费用	7 000	8 000	9 000	24 000
费用支出合计	77 000	82 000	87 000	246 000

续表

项目	7 月	8 月	9 月	合计
非现金费用：				
折旧费用	4 000	5 000	5 000	14 000
费用合计	81 000	87 000	92 000	260 000

其中：各月销售运费占各月销售额的 5%，销售佣金占各月销售额的 3%，其他费用占各月销售额的 2%。

7 月销售运费：350 000 × 5% = 17 500（元）

8 月销售运费：400 000 × 5% = 20 000（元）

9 月销售运费：450 000 × 5% = 22 500（元）

7 月销售佣金：350 000 × 3% = 10 500（元）

8 月销售佣金：400 000 × 3% = 12 000（元）

9 月销售佣金：450 000 × 3% = 13 500（元）

7 月其他费用：350 000 × 2% = 7 000（元）

8 月其他费用：400 000 × 2% = 8 000（元）

9 月其他费用：450 000 × 2% = 9 000（元）

（5）现金预算如表 7 - 17 所示。

表 7 - 17　　　　　　　　　　　　　　　现金预算　　　　　　　　　　　　　　单位：元

项目	7 月	8 月	9 月
期初现金余额	150 000	50 000	50 000
现金收入	330 000	380 000	430 000
可动用现金总额	480 000	430 000	480 000
现金支出			
购货支出	177 000	232 000	261 000
营业费用	77 000	82 000	87 000
购买设备	255 000		
支付股利	10 000	10 000	10 000
所得税	10 000	10 000	10 000
现金支出合计	529 000	334 000	368 000
现金余缺	(49 000)	96 000	112 000
短期借款	99 000		
归还借款		(45 010)	(53 990)
支付利息		(990)	(539.9)
期末现金余额	50 000	50 000	57 470.1

其中：

8 月末支付利息：99 000 × 12% × 1/12 = 990（元）

9 月末支付利息：(99 000 − 45 010) × 12% × 1/12 = 539.9（元）

(6) 预计利润表如表 7 - 18 所示。

表 7 - 18　　　　　　　　　　　　　　　　　预计利润表　　　　　　　　　　　　　　　　单位：元

项目	7 月	8 月	9 月	合计
销售收入	350 000	400 000	450 000	1 200 000
销售成本	210 000	240 000	270 000	720 000
销售毛利	140 000	160 000	180 000	480 000
营业费用：				
工资费用	36 000	36 000	36 000	108 000
销售运费	17 500	20 000	22 500	60 000
销售佣金	10 500	12 000	13 500	36 000
广告费用	6 000	6 000	6 000	18 000
其他费用	7 000	8 000	9 000	24 000
折旧费用	4 000	5 000	5 000	14 000
利息费用		990	539.9	1 529.9
费用合计	81 000	87 990	92 539.9	261 529.9
利润总额	59 000	72 010	87 460.1	217 470.1
所得税	10 000	10 000	10 000	30 000
净利润	49 000	62 010	77 460.1	188 470.1

(7) 预计资产负债表如表 7 - 19 所示。

表 7 - 19　　　　　　　　　　　　　　　　　预计资产负债表　　　　　　　　　　　　　　　单位：元

项目	7 月	8 月	9 月
资产			
流动资产			
库存现金	50 000	50 000	57 470.1
应收账款	140 000	160 000	180 000
存货	48 000	54 000	60 000
流动资产合计	238 000	264 000	297 470.1
固定资产（净值）	451 000	446 000	441 000
资产合计	689 000	710 000	738 470.1
负债及股东权益合计			

续表

项目	7 月	8 月	9 月
负债			
短期借款	99 000	53 990	
应付账款	109 000	123 000	138 000
负债合计	208 000	176 990	138 000
股东权益			
股本	400 000	400 000	400 000
留存收益	81 000	133 010	200 470.1
股东权益合计	481 000	533 010	600 470.1
负债及股东权益合计	689 000	710 000	738 470.1

其中：

7 月末固定资产净值 = 200 000 + 255 000 − 4 000 = 451 000（元）

8 月末固定资产净值 = 451 000 − 5 000 = 446 000（元）

9 月末固定资产净值 = 446 000 − 5 000 = 441 000（元）

7 月末留存收益 = 42 000 + 49 000 − 10 000 = 81 000（元）

8 月末留存收益 = 81 000 + 62 010 − 10 000 = 133 010（元）

9 月末留存收益 = 133 010 + 77 460.1 − 10 000 = 200 470.1（元）

第四节　教材习题参考答案

一、思考题

1. 什么是全面预算？全面预算包括哪几个组成部分？各预算之间的相互关系如何？

答：全面预算是企业未来特定时期各项经济活动实施和执行计划的数量说明。一个完整的全面预算一般包括经营预算、专门决策预算和财务预算三个方面。

（1）经营预算。经营预算是指企业预算期日常发生的基本业务活动的预算，主要包括销售预算、生产预算、直接材料预算、直接人工预算、制造费用预算、单位产品成本与期末存货成本预算、销售与管理费用预算等。

（2）专门决策预算。专门决策预算是指企业为不经常发生的非基本业务活动所编制的预算，如企业根据长期投资决策编制的资本支出预算，根据融资决策编制的筹资预算，根据股利政策编制的股利分配预算等。

（3）财务预算。财务预算是指反映企业预算期现金收支、经营成果和财务状况的预算，包括现金预算、预计利润表、预计资产负债表等。

在全面预算体系中，各项预算相互衔接、互相对应，构成了一个有机整体。

2. 简述全面预算的作用。

答：全面预算作为企业管理当局对未来生产经营活动的总体规划，其作用主要表现在以下 5 个方面：

（1）明确工作目标和任务。预算以数量形式规定了企业一定时期的经营总目标，并将经营目标按企业内部各职能部门的职责范围层层落实，使经营总目标成为各职能部门工作的具体目标。这样就保证了经营总目标与部门分管的具体目标的协调一致，使各部门了解和明确自己在完成经营目标中的职责和努力的方向，从而使企业总目标通过具体目标的实现得以最终实现。

（2）协调各部门之间的关系。全面预算将企业各方面和各部门的工作纳入一个统一、有序的预算体系中，各部门的预算相互衔接、环环相扣，在保证最大限度实现企业总目标的前提下，有效地组织企业各方面和各部门的生产经营活动。例如，根据以销定产的经营方针，生产预算必须以销售预算为依据，材料采购预算又必须与生产预算相衔接等。

（3）控制经济活动。编制预算的目的，就是为了在预算执行过程和预算执行完成后，对预算的执行情况和执行结果进行计量、对比，对实际脱离预算的差异及其原因进行分析，找出企业经营管理活动中存在的问题，并采取有效措施消除偏差，尽最大努力使实际执行结果与预算所确定的目标相一致。因此，全面预算是控制企业经济活动的依据。

（4）评价工作业绩。全面预算不单是控制企业经济活动的依据，还是考核与评价企业及其各职能部门工作业绩的标准。在评价企业和各部门工作业绩时，要以预算标准作为依据，通过对比和分析，划清和落实经济责任，并结合一定的奖惩制度，促使企业和各部门为完成预算目标而努力工作。

（5）预测和防范风险。全面预算的制定和实施过程，就是企业不断采用量化的工具，使自身所处的经营环境与拥有的资源和企业的发展目标保持动态平衡的过程，也是企业在此过程中所面临的各种风险的识别、预测、评估与控制过程。根据所反映的预算结果，预测其中的风险点所在，有助于企业预先采取防范措施，从而达到规避与化解风险的目的。

3. 试说明全面预算的编制程序。

答：企业的预算编制流程一般是基于行业性质、经营规模等因素，按照"上下结合、分级编制、逐级汇总"的基本程序进行，具体程序如下：

（1）下达目标。最高管理层根据企业的经营目标和经营方针，提出和明确企业在预算期的预算总目标和预算具体目标，下达给各业务部门。

（2）编制上报。各业务部门根据分管的预算指标，结合自己所在单位实际情况，编制本部门的预算，申报到预算管理部门统一协调，确定一个预算方案，上报预算管理委员会。

（3）审查审批。预算管理委员会审查、平衡各部门编制的预算，汇总编制出企业的综合预算。

（4）下达执行。预算管理委员会将综合预算上报企业最高管理层批准，批准后的预算下达各业务部门具体执行。

4. 什么是弹性预算？为什么要编制弹性预算？

答：弹性预算法又称为动态预算法，是在成本性态分析的基础上，依据业务量、成本和利润之间的联动关系，按照预算期内可能的一系列业务量（如生产量、销售量、工时等）水平编制的预算方法。

弹性预算是根据某一相关范围的不同业务量水平编制的，能够反映出不同业务量水平上应有的费用水平或者收入水平。企业可以根据当时的实际业务情况选择执行相应的预算，并按相应的预算水平开展预算评价考核。

5. 何谓零基预算？怎样编制零基预算？

答：零基预算法是"以零为基础编制预算"的方法，采用零基预算法在编制费用预算时，不考虑以往期间的费用项目和费用数额，主要根据预算期的需要和分析费用项目和费用数额的合理性，综合平衡编制费用预算。运用零基预算法编制费用预算的具体步骤是：

（1）企业各部门根据预算总目标和本部门分管的具体预算目标，确定费用开支项目，并对每一费用项目详细说明开支的性质、用途和必要性，以及开支的具体数额。

（2）对每一费用项目进行成本—效益分析，即将每一费用项目的所费和所得进行比较，将对比的结果用来衡量和评价费用项目的经济效益，并据此确定各费用项目的重要程度和开支的先后顺序。

（3）将预算期实际可运用的资金按照各费用项目的先后顺序，在各项目之间进行择优分配。

6. 什么是滚动预算？为什么要编制滚动预算？

答：滚动预算又称连续预算或永续预算，是在上期预算完成情况的基础上，调整和编制下期预算，并将预算期间逐期连续向后滚动推移，使预算期间保持固定的时期跨度。

滚动预算在执行过程中，由于随时对预算进行调整，可以避免预算期过长导致预算脱离实际。同时，时间上不再受日历年度的限制，能够连续不断地规划企业未来的经济活动，有利于保证经营管理工作稳定有序地进行。

二、本章练习题

1. 解：

$300\ 000 - 40\ 000 - 60\ 000 - 120\ 000 = 80\ 000$（元）

$$广告费分配的金额 = 80\ 000 \times \frac{20}{20 + 30} = 32\ 000（元）$$

$$差旅费分配的金额 = 80\ 000 \times \frac{30}{20 + 30} = 48\ 000（元）$$

销售及管理费用零基预算如表 7-20 所示。

表 7-20　　　　　　　　　　销售及管理费用的零基预算　　　　　　　　　　单位：元

项目	金额
广告费	32 000
差旅费	48 000
办公费	40 000
工资	60 000
房租	120 000
合计	300 000

2. 解：某公司的销售预算如表 7-21 所示。

表 7-21　　　　　　　　　　　　　销售预算

项目	第一季度	第二季度	第三季度	第四季度	全年
预计销售量（件）	1 000	1 100	1 200	1 300	4 600
预计单价（元）	120	120	120	120	120
预计销售收入（元）	120 000	132 000	144 000	156 000	552 000
年初应收账款余额（元）	43 200				43 200
第一季度销售收入（元）	72 000	48 000			120 000
第二季度销售收入（元）		79 200	52 800		132 000
第三季度销售收入（元）			86 400	57 600	144 000
第四季度销售收入（元）				93 600	93 600
现金收入合计（元）	115 200	127 200	139 200	151 200	532 800

3. 解：某公司预计材料采购量如表 7-22 所示。

表 7-22　　　　　　　　　　　　预计材料采购量

项目	第一季度	第二季度	第三季度	第四季度	全年
预计销售量（件）	800	900	1 000	1 200	3 900
加：预计期末产成品存货（件）	90	100	120	140	450
预计需要量合计（件）	890	1 000	1 120	1 340	4 350
减：期初产成品存货（件）	80	90	100	120	390
预计生产量（件）	810	910	1 020	1 220	3 960
材料单耗	2	2	2	2	2
生产用量（千克）	1 620	1 820	2 040	2 440	7 920
加：预计期末材料库存量（千克）	364	408	488	564	1 824
减：预计期初材料库存量（千克）	320	364	408	488	1 580
材料采购量（千克）	1 664	1 864	2 120	2 516	8 164

4. 解：某公司制造费用预算如表 7-23 所示。

表 7-23   制造费用预算   单位：元

直接人工工时	分配率	3 000 工时	4 000 工时	5 000 工时	6 000 工时
变动制造费用：					
间接人工	0.5 元/工时	1 500	2 000	2 500	3 000
物料费	0.25 元/工时	750	1 000	1 250	1 500
维护费	0.12 元/工时	360	480	600	720
水电费	0.20 元/工时	600	800	1 000	1 200
小计		3 210	4 280	5 350	6 420
固定制造费用：					
间接人工		4 000	4 000	4 000	4 000
折旧费		6 500	6 500	6 500	6 500
维护费		3 000	3 000	3 000	3 000
水电费		1 500	1 500	1 500	1 500
小计		15 000	15 000	15 000	15 000
制造费用合计		18 210	19 280	20 350	21 420

5. 解：

（1）现金收入 = 45 000 + 600 000 × 60% = 405 000（元）

（2）现金支出 = 420 000 × 70% + 165 000 + 96 800 + 23 400 + 16 200 + 55 000 = 650 400（元）

（3）现金余缺 = 65 000 + 405 000 − 650 400 = −180 400（元）

（4）最佳资金筹措：银行借款数额 = 50 000 + 181 000 = 231 000（元）

（5）现金月末余额 = −180 400 + 231 000 = 50 600（元）

6. 解：

第一步，根据上述资料，编制销售预算，即根据各季度预计销售量分别乘以销售单价确定每个季度的预计销售收入以及预计全年总收入，如表 7-24 所示。

表 7-24   销售预算

项目	第一季度	第二季度	第三季度	第四季度	全年
预计销售量（件）	2 000	2 500	2 800	3 000	10 300
单价（元）	150	150	150	150	150
销售收入（元）	300 000	375 000	420 000	450 000	1 545 000

第二步，根据销售预算以及企业的收款条件编制预计现金收入计算表，如表 7-25 所示。

表 7 – 25　　　　　　　　　　　　　　预计现金流入　　　　　　　　　　　　　单位：元

项目	第一季度	第二季度	第三季度	第四季度	全年
上年应收账款	160 000				160 000
第一季度销售收入	120 000	180 000			300 000
第二季度销售收入		150 000	225 000		375 000
第三季度销售收入			168 000	252 000	420 000
第四季度销售收入				180 000	180 000
现金流入合计	280 000	330 000	393 000	432 000	1 435 000

第三步，根据销售预算编制生产预算，如表 7 – 26 所示。

表 7 – 26　　　　　　　　　　　　　　　生产预算　　　　　　　　　　　　　　单位：件

项目	第一季度	第二季度	第三季度	第四季度	全年
预计销售量	2 000	2 500	2 800	3 000	10 300
加：期末存货量	250	280	300	320	1 150
预计需要量合计	2 250	2 780	3 100	3 320	11 450
减：期初存货量	200	250	280	300	1 030
预计生产量	2 050	2 530	2 820	3 020	10 420

第四步，根据生产预算、单位产品材料用量、期初材料存货以及预计期末材料存货确定直接材料购买量，如表 7 – 27 所示。

表 7 – 27　　　　　　　　　　　　　　直接材料预算

项目	第一季度	第二季度	第三季度	第四季度	全年
预计生产量（件）	2 050	2 530	2 820	3 020	10 420
单位产品材料用量（千克/件）	2	2	2	2	2
生产用量（千克）	4 100	5 060	5 640	6 040	20 840
加：预计期末库存量（千克）	1 012	1 128	1 208	1 050	4 398
材料需要量	5 112	6 188	6 848	7 090	25 238
减：预计期初库存量（千克）	512	1 012	1 128	1 208	3 860
材料采购量（千克）	4 600	5 176	5 720	5 882	21 378
材料采购单价（元/千克）	15	15	15	15	15
预计材料采购金额（元）	69 000	77 640	85 800	88 230	320 670

第五步，根据直接材料采购数量预算、每千克材料单价以及企业的付款条件编制预计原材料现金支出计算如表 7 – 28 所示。

表 7 – 28　　　　　　　　　　　材料采购预计现金流出　　　　　　　　单位：元

项目	第一季度	第二季度	第三季度	第四季度	全年
应付账款年初余额	36 000				36 000
第一季度采购款	34 500	34 500			69 000
第二季度采购款		38 820	38 820		77 640
第三季度采购款			42 900	42 900	85 800
第四季度采购款				44 115	44 115
合计	70 500	73 320	81 720	87 015	312 555

第六步，根据生产预算、单位产品直接人工工时及小时工资率编制直接人工预算，如表 7 – 29 所示。

表 7 – 29　　　　　　　　　　　　直接人工预算

项目	第一季度	第二季度	第三季度	第四季度	全年
预计生产量（件）	2 050	2 530	2 820	3 020	10 420
单位产品工时（小时/件）	5	5	5	5	5
人工工时总量（小时）	10 250	12 650	14 100	15 100	52 100
小时人工费用（元/小时）	10	10	10	10	10
人工费用总额（元）	102 500	126 500	141 000	151 000	521 000

第七步，根据生产预算、变动性制造费用、固定性制造费用以及折旧的数据编制制造费用预算，并计算制造费用现金支出，如表 7 – 30 所示。

表 7 – 30　　　　　　　　　　　制造费用预算　　　　　　　　　　单位：元

项目	第一季度	第二季度	第三季度	第四季度	全年
变动制造费用：					
间接人工费用（1 元/件）	2 050	2 530	2 820	3 020	10 420
间接材料费用（0.5 元/件）	1 025	1 265	1 410	1 510	5 210
设备修理费用（1.2 元/件）	2 460	3 036	3 384	3 624	12 504
水电气费用（1.5 元/件）	3 075	3 795	4 230	4 530	15 630
小计	8 610	10 626	11 844	12 684	43 764
固定制造费用：					
维修费	4 000	4 000	4 000	4 000	16 000
折旧费	12 000	12 000	12 000	12 000	48 000
管理人员工资	15 000	25 000	25 000	25 000	100 000
保险费	3 000	3 000	3 000	3 000	12 000
财产税	2 000	2 000	2 000	2 000	8 000
小计	36 000	36 000	36 000	36 000	144 000

续表

项目	第一季度	第二季度	第三季度	第四季度	全年
合计	44 610	46 626	47 844	48 684	187 764
减：折旧费用	12 000	12 000	12 000	12 000	48 000
付现费用	32 610	34 626	35 844	36 684	139 764

第八步，根据单位直接材料成本、单位直接人工成本以及单位变动性制造费用计算单位产品成本，如表7-31所示。

表7-31　　　　　　　　　　单位产品成本预算　　　　　　　　　　单位：元

项目	价格标准	用量标准	合计金额
直接材料	15 元/千克	2 千克	30
直接人工	10 元/小时	5 小时	50
变动制造费用	0.84 元/小时	5	4.2
产品单位成本			84.2
期末存货量（件）			320
期末存货成本			26 944

注：变动制造费用分配率 = 43 764/52 100 = 0.84（元/小时）。

第九步，根据预计销售量、变动性销售与管理费用以及固定性销售与管理费用的有关数据编制销售与管理费用预算，如表7-32所示。

表7-32　　　　　　　　　　销售及管理费用预算　　　　　　　　　　单位：元

项目	第一季度	第二季度	第三季度	第四季度	全年
变动销售及管理费用：					
销售佣金（2 元/件）	4 000	5 000	5 600	6 000	20 600
运输费（1.5 元/件）	3 000	3 750	4 200	4 500	15 450
小计	7 000	8 750	9 800	10 500	36 050
固定销售及管理费用：					
行政管理人员工资	7 500	7 500	7 500	7 500	30 000
广告费	3 000	3 000	3 000	3 000	12 000
保险费	2 000	2 000	2 000	2 000	8 000
财产税	1 000	1 000	1 000	1 000	4 000
小计	13 500	13 500	13 500	13 500	54 000
合计	20 500	22 250	23 300	24 000	90 050

注：固定性销售与管理费用按季度分摊。

第十步，根据期初现金余额以及上述预算中有关销售现金收入、直接材料现金支出、直接人工现金支出、制造费用现金支出、销售与管理费用现金支出、设备购置现金支出、所得税以及股利支付数据编制现金预算，如表7-33所示。

表 7 – 33 现金预算 单位：元

项目	第一季度	第二季度	第三季度	第四季度	全年
期初现金余额	68 000	96 890	50 194	78 580	68 000
加：销货现金收入	280 000	330 000	393 000	432 000	1 435 000
可供使用现金	348 000	426 890	443 194	510 580	1 503 000
减：现金支出					
直接材料采购	70 500	73 320	81 720	87 015	312 555
直接人工工资	102 500	126 500	141 000	151 000	521 000
制造费用	32 610	34 626	35 844	36 684	139 764
销售及管理费用	20 500	22 250	23 300	24 000	90 050
所得税费用	15 000	15 000	15 000	15 000	60 000
购买设备		150 000			150 000
股利支付	10 000	10 000	10 000	10 000	40 000
现金支出合计	251 110	431 696	306 864	323 699	1 313 369
现金多余或不足	96 890	– 4 806	136 330	186 881	189 631
取得银行借款		55 000			55 000
偿还银行借款			55 000		55 000
短期借款利息（年利 10%）			2 750		2 750
期末现金余额	96 890	50 194	78 580	186 881	186 881

注：短期借款利息 = 55 000 × 10% × 6/12 = 2 750（元）。

第十一步，根据以上各表相关数据编制预计利润表，如表 7 – 34 所示。

表 7 – 34 预计利润表（变动成本法） 单位：元

项目	第一季度	第二季度	第三季度	第四季度	全年
销售收入	300 000	375 000	420 000	450 000	1 545 000
减：变动成本					
变动生产成本（84.2 元/件）	168 400	210 500	235 760	252 600	867 260
变动销售及管理费用	7 000	8 750	9 800	10 500	36 050
边际贡献总额					
	124 600	155 750	174 440	186 900	641 690
减：期间成本					
固定制造费用	36 000	36 000	36 000	36 000	144 000
固定销售及管理费用	13 500	13 500	13 500	13 500	54 000
利息			2 750		2 750
税前利润	75 100	106 250	122 190	137 400	440 940
减：所得税	15 000	15 000	15 000	15 000	60 000
税后利润	60 100	91 250	107 190	122 400	380 940

第十二步，根据以上各表相关数据编制预计资产负债表，如表7-35所示。

表7-35
预计资产负债表

2021年12月31日 单位：元

资产		负债及所有者权益	
项目	金额	项目	金额
流动资产：		流动负债：	
库存现金	186 881	应付账款（材料）	44 115
应收账款	270 000	股东权益：	
原材料（1 050千克）	15 750	普通股	300 000
产成品（320件）	26 944	未分配利润	457 460
流动资产合计	499 575		
固定资产：			
房屋与设备	390 000		
累计折旧	(88 000)		
固定资产净值	302 000		
资产合计	801 575	负债及所有者权益总额	801 575

注：未分配利润 = 116 520 + 380 940 - 40 000 = 457 460（元）。

第八章　短期经营决策

第一节　学习指导

一、学习目标

1. 掌握相关成本和非相关成本的含义及表现形式。
2. 掌握相关损益分析法、边际贡献法、差量分析法、成本无差别点法的原理。
3. 掌握生产决策分析的具体应用，解决经营决策相关问题。
4. 了解企业定价的影响因素。
5. 掌握定价方法。

二、学习重点

学习本章时，首先必须弄清各种成本与决策之间的关系，重点掌握生产何种新产品决策、亏损产品是否停产决策、零部件自制与外购决策、特殊订单是否接受决策、产品是否进一步深加工决策。学习时，要理解上述经营决策的理论基础和方法原理，并能够融会贯通地掌握经营决策的相关内容。

三、学习难点

企业在定价时需要考虑多种因素，对于没有实践经验的学生来说，深入理解和应用是比较困难的。在学习过程中，注意将本章相关内容应用到实际案例分析中，培养分析判断的能力。

第二节　练习题

一、名词解释

1. 生产决策
2. 机会成本
3. 沉没成本
4. 差量分析法
5. 边际贡献总额分析
6. 成本无差别点法
7. 单位限制资源边际贡献法
8. 成本加成定价法
9. 市场定价法
10. 撇脂定价法
11. 渗透定价法

二、判断题

1. 专门生产某种产品的专用设备费、保险费、修理费属于该产品的专属成本。
（　）

2. 公司购买的可转让债券，如果既能到期获得约定收益，又能在未到期前中途转让获得收益，就会产生机会成本。（　）

3. 相关成本是对决策有影响的各种形式的未来成本。（　）

4. 如果一项资产只能用来生产某种产品而没有其他用途，就不会产生机会成本。
（　）

5. 机会成本是一项实际支出，必须登记入账。（　）

6. 无论什么情况下，边际成本都与变动成本一致。（　）

7. 沉没成本是现在发生的，目前或未来的任何决策都没法改变的成本。（　）

8. 沉没成本与付现成本的主要区别在于成本发生的时间不同。（　）

9. 在生产决策中，单位限制资源边际贡献是个负指标，哪个方案中计算出的该指标小，哪个方案为优。（　）

10. 在生产决策中，当备选方案超过两个或者不互斥时，可以选用相关损益分析法来进行比较。（　）

11. 当决策中涉及追加的专属成本时，就无法直接用边际贡献总额分析法来分析。
（　）

12. 即使新产品投入生产会发生不同的专属成本，在进行新产品开发决策时，也没有必要从边际贡献中进一步减去专属成本等相关成本来进行评价。（　）

13. 对于依据传统的完全成本法来计算的"亏损产品"，当其边际贡献总额大于零

时，企业不应当停产。 （ ）

14. 当企业不具备自制零部件的能力时，企业为获得该自制能力所发生的专属成本不属于相关成本。 （ ）

15. 一般来说，当企业在市场中处于垄断地位，或者在同行业中保持较长时间的竞争优势时，常通过制定一个较高的价格，来实现利润最大化。 （ ）

16. 根据成本基数的不同，成本加成定价法可以分为完全成本加成定价法和变动成本加成定价法。 （ ）

17. 在定价策略中，撇脂法的缺点是投资回收期长，会影响企业的后续投资活动，所以更加适合生命周期长、价格弹性大的产品。 （ ）

三、单项选择题

1. （ ）是两个可供选择的方案之间预期成本的差异。
A. 机会成本　　　　　　　　B. 差量成本
C. 边际成本　　　　　　　　D. 变动成本

2. 当企业决定是否进一步对产品进行加工时，深加工前半成品的成本是（ ）。
A. 沉没成本　　　　　　　　B. 边际成本
C. 重置成本　　　　　　　　D. 机会成本

3. 当决策中涉及追加的专属成本时，可以通过比较不同备选方案的（ ）来进行决策。
A. 单位边际贡献　　　　　　B. 边际贡献总额
C. 单位剩余边际贡献　　　　D. 剩余边际贡献总额

4. 当暂时闲置的生产能力不能用于其他方面时，以下哪种情况下亏损产品应当停产（ ）。
A. 亏损产品的边际贡献大于零
B. 亏损产品的边际贡献小于零
C. 亏损产品的边际贡献大于固定成本
D. 亏损产品边际贡献大于零但小于固定成本

5. 当企业的某项资源受到限制时，可以通过比较不同备选方案的（ ）来进行决策。
A. 单位边际贡献　　　　　　B. 边际贡献总额
C. 单位限制资源边际贡献　　D. 剩余边际贡献总额

6. 某企业在5年前购买了一台机器，原价为50 000元，拟报废清理或者修理后出售，假设报废后该机器的残值为3 500元，进行修理则需要花费6 000元，修理后作价15 000元，则在此例中，沉没成本是（ ）元。
A. 50 000　　　B. 3 500　　　C. 6 000　　　D. 15 000

7. 某企业在 6 年前购进了一台设备，已计提折旧，拟购买一台价值为 50 000 元的新设备进行更新取代，卖方提出以旧换新的方案，可以用旧设备作价 24 800 元，其余的 25 200 元以现金支付，则该方案的付现成本是（　　）元。

    A. 40 000　　　　　B. 14 500　　　　　C. 25 200　　　　　D. 24 800

8. 某企业生产某半成品 3 000 件，可以立即出售或进一步深加工之后再出售。如果立即出售，每件售价 20 元，若深加工后出售，售价为 28 元，但要多付加工费 12 000 元，则继续进行深加工的机会成本为（　　）元。

    A. 84 000　　　　　B. 60 000　　　　　C. 12 000　　　　　D. 18 000

9. 如上题条件，立即出售的机会成本为（　　）元。

    A. 84 000　　　　　B. 60 000　　　　　C. 72 000　　　　　D. 18 000

10. 某人现在有现金 5 000 元，如果用来购买企业债券，年息为 8%；如果用来购买金融债券，年息为 10%。那么，他购买金融债券的机会成本为（　　）元。

    A. 400　　　　　B. 500　　　　　C. 100　　　　　D. 900

11. 某企业有一批库存的废品，存在着两种处置方案：一是修复后出售，二是直接降价出售，其中，修复成本为 4 000 元，修复后出售收入为 10 000 元，降价后出售收入为 5 000 元，则差额利润为（　　）元。

    A. 4 000　　　　　B. 1 000　　　　　C. 5 000　　　　　D. 6 000

12. （　　）是在经济决策中应由中选的最优方案负担，并按所放弃的次优方案潜在收益计算的资源损失。

    A. 沉没成本　　　　B. 差量成本　　　　C. 边际成本　　　　D. 机会成本

13. 如果把不同产量作为不同方案的话，边际成本实际上就是不同方案形成的（　　）。

    A. 沉没成本　　　　B. 差量成本　　　　C. 边际成本　　　　D. 机会成本

14. 当企业的生产能力尚有剩余且无法转为他用时，只要买方出价高于（　　），企业就可以接受特殊价格定货。

    A. 单位固定成本　　　　　　　B. 单位产品成本
    C. 单位变动成本　　　　　　　D. 正常售价

15. 成本无差别点业务量是指能使两备选方案（　　）相等的业务量。

    A. 边际成本　　　　　　　　　B. 固定成本
    C. 变动成本　　　　　　　　　D. 总成本

16. 下列各种短期经营决策方法中，能够直接揭示选中的方案比放弃的方案多获得的利润或少发生损失的是（　　）。

    A. 差量分析法　　　　　　　　B. 单位限制资源边际贡献法
    C. 线性规划法　　　　　　　　D. 成本无差别点法

17. 边际贡献与剩余边际贡献之差为（　　）。

    A. 固定成本　　　B. 专属成本　　　C. 差量成本　　　D. 变动成本

18. 某企业生产甲产品的单位变动成本为 60 元，固定生产成本摊销到每件商品为 20 元，完全成本法下加成比率为 50%，则使用成本加成法计算甲产品的价格应为（   ）元。

A. 120　　　　　　　B. 90　　　　　　　C. 60　　　　　　　D. 110

19. 在进行半成品是否进一步深加工决策时，应对半成品在加工后增加的收入和（   ）进行分析研究。

A. 进一步加工前的变动成本　　　　　B. 进一步加工追加的成本

C. 进一步加工前的全部成本　　　　　D. 加工前后的全部成本

20. 假设某厂有剩余生产能力 1 000 机器小时，有甲、乙、丙、丁四种产品可以选择，单位边际贡献分别为 8 元、12 元、16 元和 20 元，生产一件产品所需的机器小时分别为 8 小时、10 小时、12 小时和 14 小时，则该厂应增产的产品是（   ）。

A. 甲产品　　　　　B. 乙产品　　　　　C. 丙产品　　　　　D. 丁产品

四、多项选择题

1. 以下各种成本中，属于相关成本的有（   ）。

A. 边际成本　　　B. 机会成本　　　C. 沉没成本　　　D. 付现成本

2. 以下各种成本中，属于非相关成本的有（   ）。

A. 重置成本　　　　　　　　　　B. 不可避免成本

C. 共同成本　　　　　　　　　　D. 不可延缓成本

3. 下列各项关于生产决策的等式中，正确的有（   ）。

A. 单位限制资源边际贡献 = 某产品的单位边际贡献/该单位限制资源的消耗量

B. 目标成本 = 目标价格 – 目标利润

C. 成本无差别点的业务量 = 两方案相关总成本之差/两方案单位变动成本之差

D. 目标售价 = 单位产品成本 ×（1 + 成本加成率）

4. 一般来讲，企业在定价时应考虑的因素有（   ）。

A. 市场需求　　　　　　　　　　B. 产品成本

C. 产品所处生命周期　　　　　　D. 产品价格弹性

5. 以下各种方法中，属于产品定价决策方法的有（   ）。

A. 成本加成定价法　　　　　　　B. 市场定价法

C. 撇脂定价法　　　　　　　　　D. 渗透定价法

6. 短期经营决策分析主要包括（   ）。

A. 生产决策分析　　　　　　　　B. 定价决策分析

C. 投资决策分析　　　　　　　　D. 战术决策分析

7. 在相关范围内，产品增加或减少一个单位的差量成本与（   ）一致。

A. 机会成本　　　B. 相关成本　　　C. 边际成本　　　D. 变动成本

8. 下列各个选项中，属于企业的沉没成本的有（　　）。

A. 无形资产 B. 固定资产

C. 管理人员的工资 D. 产品材料成本

9. 当企业剩余生产能力无法转移时，亏损产品不应停产的条件为（　　）。

A. 该产品的边际贡献大于零 B. 该产品的单位边际贡献大于零

C. 该产品的边际贡献率大于零 D. 该产品的变动成本率大于1

10. 下列各项中，备选方案中涉及相关收入的有（　　）。

A. 差量分析法 B. 边际贡献分析法

C. 成本无差别点法 D. 相关损益分析法

11. 用边际贡献分析法进行决策分析时，可以（　　）判断备选方案的优劣。

A. 边际贡献总额 B. 剩余边际贡献

C. 单位边际贡献 D. 单位限制资源边际贡献

12. 某电器企业为满足客户追加订货的需要，增加成本开支，其中不是专属成本的有（　　）。

A. 为及时完成追加订货的生产购入一台新设备

B. 为及时完成追加订货支付职工加班费

C. 生产追加订单机器设备增加的耗电量

D. 该厂为生产追加订单及以后的生产建造了一间新的厂房

13. 在半成品进一步深加工决策中，差量成本构成项目有（　　）

A. 维持原生产能力的成本 B. 新增专属固定成本

C. 进一步深加工的变动成本 D. 半成品自制成本

五、简答题

1. 生产决策的具体内容是什么？

2. 如何运用成本无差别点法来进行生产决策？

3. 简述产品定价决策方法有哪些？

六、计算与核算题

1. 某企业生产西装，有两种方式可供选择：人力缝纫机制造时单位变动成本为50元，专属固定成本为40 000元；电动缝纫机制造时单位变动成本为46元，专属固定成本为70 000元。

要求：

（1）计算成本无差别点。

（2）确定生产10 000件西装时的生产方式。

2. 某电器企业生产和销售甲、乙、丙三种产品，其相关资料如表 8-1 所示。

表 8-1 三种产品资料

项目	甲	乙	丙
销售量（件）	1 200	1 500	1 800
单位售价（元）	80	60	40
单位变动成本（元）	50	48	33
单位边际贡献（元）	30	12	7
边际贡献总额（元）	36 000	18 000	12 600
固定成本（元）	15 600	13 500	15 000
利润（元）	20 400	4 500	- 2 400

要求：

（1）亏损产品丙是否应停产（假定全部固定成本均不可避免），如果停产的话，企业的总利润有什么变化？

（2）如果停产丙产品，多余的生产能力可用于扩大甲产品的生产，预计能够增加甲产品销售量 600 件（假设该 600 件可按原有价格全部出售），同时将发生可避免成本 3 000 元，假定甲产品的边际贡献保持不变，问该方案是否可行。

3. 某企业生产和销售甲产品，其中用于生产甲产品的零件需要量为 14 000 个，如果外购，则外购单价为 52 元；如利用车间生产能力进行生产，每个零件的直接材料费 24 元，直接人工费 17 元，单位变动制造费用 7 元，单位固定制造费用 8 元，合计 56 元。

要求：就以下各不相关情况作出应自制还是外购零件甲的决策。

（1）企业现具备生产 14 000 个零件甲的能力，且剩余生产能力无其他用途；

（2）企业现具备生产 14 000 个零件甲的能力，但剩余生产能力也可用于对外加工零件乙，预计加工零件乙可产生边际贡献 198 000 元；

（3）企业目前只具备生产 12 000 个零件甲的能力，且无其他用途，若多生产零件甲，需要租入一台设置，年租金为 20 000 元，这样企业的生产能力达到 14 000 个。

4. 某企业计划生产甲产品 4 000 台，销售单价 280 元，单位变动成本为 160 元，现有 A 公司向企业发出订单，要求订货 500 台，订单报价为 230 元每台。

要求：对下列情况作出决策：

（1）如果企业的最大生产能力为 4 500 台，剩余生产能力不能转移，且追加订货不需要追加专属成本；

（2）如果企业的最大生产能力为 4 200 台，且追加订货不需要追加专属成本；

（3）如果企业的最大生产能力为 4 500 台，但追加订货需要使用某专用设备，该设备的使用成本为 10 000 元，若不接受追加订货，则该部分生产能力可以出租，可得租金 15 000 元；

（4）如果企业的最大生产能力为 4 400 台，追加订货需要追加 15 000 元的专属成本，若不接收追加订货，则该生产能力可以接收其他业务，预计边际贡献为 26 000 元。

5. 某企业现有生产能力为 50 000 机器小时，尚有 30% 的剩余生产能力，为充分利用生产能力，准备开发新产品，有 A、B、C 新产品可以选择，具体资料如表 8 - 2 所示。

表 8 - 2   三种产品资料

产品	A	B	C
单价（元）	240	100	60
单位变动成本（元）	140	50	24
单位产品定额工时	50	20	15

要求：

（1）分别计算这三种产品的单位工时边际贡献；

（2）应优先生产哪种产品；

（3）如果 A 产品的需求量为 400 件，B 的需求量为 525 件，C 的需求量为 200 件，为充分利用生产能力，该如何安排生产。

七、案例分析题

江兴动力钻具厂主要生产动力钻具，动力钻具由电动部件和不锈钢机架组成，具体信息如表 8 - 3 所示。

表 8 - 3   动力钻具的有关资料

项目	电动部件	不锈钢机架	动力钻具
销售收入：10 000 000 元			10 000 件，每件 1 000 元
直接材料	4 000 000	400 000	4 400 000
直接人工	800 000	300 000	1 100 000
变动制造费用	120 000	300 000	420 000
其他变动成本	80 000	—	80 000
销售佣金*	—	—	1 000 000
变动成本总额	5 000 000	1 000 000	7 000 000（含销售佣金）
边际贡献	—	—	3 000 000
固定成本总额	2 200 000	500 000	2 700 000
营业利润	—	—	300 000

注：*销售佣金 = 销售收入 ×10%。

要求：

（1）某客户要求以 820 000 元的价格订购 1 000 件动力钻具，订单中的 1 000 件钻具不包含在 10 000 件的年销量中。如果江兴动力钻具厂接受订单，就需要为这特殊订单支付常规销售佣金。公司总经理认为"特殊订单的订购价格 820 元低于每件 970 元的单位生产成本"，所以拒绝了订单。你认为总经理的做法是否正确？如果接受了这份订单，那么它的营业利润会是多少？

（2）某企业提出愿意以每件 120 元的价格为江兴动力钻具厂提供每年所需的 1 万件不锈钢机架。如果江兴动力钻具厂选择外购而不自制不锈钢机架，假设其他的固定成本都将继续存在，但可以节约自制机架时产生的 250 000 元的固定成本。企业的营业利润会产生什么变化？

（3）假设江兴动力钻具厂可以以每件 130 元的价格外购不锈钢机架，而因此闲置的生产能力可以用于生产升级版动力钻具。如果企业可以以每件 900 元的单位生产成本（不包括不锈钢机架的成本与销售佣金）生产 2 000 件升级版动力钻具，并以每件 1 300 元价格对外出售，升级版钻具的销售将不会影响普通钻具的正常销售。无论是购买不锈钢机架还是自制，固定成本都继续存在。那么江兴动力钻具厂决定购买不锈钢机架并生产和销售升级版钻具，对企业营业利润带来什么影响？

第三节　习题参考答案

一、名词解释

1. 生产决策是指企业在现有的生产经营能力的条件下，为争取实现尽可能好的经营成果而作出的相应生产选择安排。

2. 机会成本是指为特定目的使用有限资源而放弃（或错过）的可获得的最大收益。

3. 沉没成本是指由于过去决策所引起的并已支付过的成本。从广义上说，凡是过去已经发生，不是目前决策所能改变的成本，都是沉没成本。

4. 差量分析法就是通过比较备选方案之间的差额收入和差额成本，根据差额利润进行生产决策的方法。

5. 边际贡献总额分析就是通过分析边际贡献总额的大小来确定最优方案的方法。

6. 成本无差别点法是指备选方案的相关收入均为零，相关业务量不确定时，通过判断处于不同水平的业务量与成本无差别点业务量之间的关系，利用不同业务量优势区域进行最优决策方案选择的方法。

7. 单位限制资源边际贡献法是以单位资源所能创造的边际贡献为指标，进行生产决策的一种方法。

8. 成本加成定价法是企业最基本的定价方法，其基本思路是先确定产品成本，再在成本基数的基础上加上预计的加成额，得出目标售价。

9. 市场定价法是以价格为基础的定价方法，它是根据市场同类或者相似产品市场价格来定价。

10. 撇脂法是指在新产品刚刚投入市场时制定较高的价格，然后随着市场占有率的扩大逐步降低价格的策略。

11. 渗透定价法是指新产品以低价投入市场，以物美价廉吸引消费者，从而迅速占领市场的策略。

二、判断题

1. √　2. √　3. √　4. √　5. ×　6. ×　7. ×　8. √　9. ×　10. √　11. √　12. ×　13 √　14. ×　15. √　16. √　17. ×

三、单项选择题

1. B　2. A　3. D　4. B　5. C　6. A　7. C　8. B　9. C　10. A　11. B　12. D　13. B　14. C　15. D　16. A　17. B　18. A　19. B　20. D

四、多项选择题

1. ABD　2. BCD　3. ABD　4. ABCD　5. ABCD　6. AB　7. CD　8. AB　9. ABC　10. ABD　11. ABD　12. BCD　13. BC

五、简答题

1. 生产决策的具体内容是什么？

答：生产决策，对企业而言就是在现有的生产经营能力的条件下，为争取实现尽可能好的经营成果而就下列问题作出的选择：

①生产什么的决策，即生产或不生产什么产品；

②生产多少的决策，及各种产品的产量是多少；

③如何生产的决策，即如何组织和实施生产。

实际上，这也就是企业考虑如何最有效地利用各种经济资源组织生产，以取得最大经济效益。

2. 如何运用成本无差别点法来进行生产决策？

答：在各备选方案的相关收入均为零且方案间的相关固定成本水平和单位变动成

本水平恰好相互矛盾的情况下。可采用成本无差别点进行互斥方案间的选择。其计算公式为：

成本无差别点的业务量 = 两方案相关固定成本之差/两方案单位变动成本之差

令 X_0 代表成本无差别点业务量，A 方案固定成本为 a_1，变动成本为 b_1；B 方案固定成本为 a_2，变动成本为 b_2，且满足 $a_1 > a_2$，$b_1 < b_2$，则有 $X_0 = \dfrac{a_1 - a_2}{b_2 - b_1}$

当业务量大于成本无差别点业务量 X_0 时，固定成本较高的方案更优；当业务量小于成本无差别点业务量 X_0 时，固定成本较低的方案较优；当业务量等于成本无差别点业务量 X_0 时，两方案成本相等，无差别。

3. 简述产品定价决策方法有哪些？

答：产品定价决策方法有以下几种：

①成本加成定价法。这是企业最基本的定价方法，其基本思路是先确定产品成本，再在成本基数的基础上加上预计的加成额，得出目标售价。

②市场定价法。该法就是对于有活跃市场的产品，可以根据市场价格来定价，或者根据场上同类或者相似产品的价格来定价。

③新产品定价法。该法包括撇脂定价和渗透定价法，撇脂定价法是在新产品试销初期先定出较高的价格，以后随着市场的逐步扩大，再逐步把价格降低。渗透定价法是在新产品试销初期以较低的价格进入市场，以期迅速获得市场份额，等到市场地位已经较为稳固的时候，再逐步提高销售价格。

④有闲置能力条件下的定价方法。该法是指在企业具有闲置生产能力时，面对市场需求的变化所采用的定价方法。

六、计算与核算题

1. 解：

（1）令成本无差别点为 x，则 40 000 + 50x = 70 000 + 46x，解得 x = 7 500（件），成本无差别点为 7 500 件。

（2）成本无差别点为 7 500 件，如果产量大于 7 500 件，固定成本高的方案更优；如果产量小于 7 500 件，固定成本低的方案更优。由于衬衫生产量 10 000 件大于 7 500 件，所以应采用电动缝纫机生产西装。

2. 解：

（1）因为产品丙的边际贡献总额为 12 600 元，大于 0，所以不应停产，如果停产，企业的总利润将减少，减少额为产品丙的边际贡献总额 12 600 元。

（2）如果停产产品丙用于扩大产品甲的生产，则增产产品甲预期增加的收益为：

30 × 600 − 3 000 = 15 000（元）

足够弥补停产产品丙减少的收益，所以该方案可行。

3. 解:

（1）企业具备剩余生产能力，而且不能转移，因此比较自制零件的单位变动成本和外购的单价或者比较自制零件变动成本总额和采购总价格进行决策。由于自制单位成本 = 24 + 17 + 7 = 48（元），外购零件单价是 52 元，所以应选择自制零件。

（2）企业具备剩余生产能力，而且能转移，需要考虑自制零件的机会成本。因此比较自制零件的生产成本、机会成本与外购零件的成本。

自制零件相关成本 = 48 × 14 000 + 198 000 = 870 000（元）

外购零件的相关成本 = 52 × 14 000 = 728 000（元）

由于自制相关成本 870 000 元，外购零件成本 728 000 元，所以应选择外购零件。

（3）由于企业的生产能力无法满足生产需求，需要租入设备，产生专属成本，因此比较自制零件的生产成本、专属成本与外购零件的成本。

自制零件相关成本 = 48 × 14 000 + 20 000 = 692 000（元）

外购零件的相关成本 = 52 × 14 000 = 728 000（元）

由于自制相关成本 692 000 元，外购零件成本 728 000 元，所以应选择自制零件。

4. 解:

（1）如果接受订单:

销售收入增加 115 000 元（230 × 500）

减：变动成本增加 80 000 元（160 × 500）

边际贡献增加 35 000 元，所以应接受订单。

（2）如果接受订单:

销售收入增加 115 000 元（230 × 500）

减：变动成本增加 80 000 元（160 × 500）

由于接受订单影响了正常销售，为了接受订单会放弃正常销售 300 台［4 000 - (4 200 - 500)］产品的机会，因此产生机会成本 = 300 × (280 - 160) = 36 000（元）。

相关收益增加 = 115 000 - 80 000 - 36 000 = -1 000（元），所以应拒绝订单。

（3）如果接受订单:

销售收入增加 115 000 元（230 × 500）

减：变动成本增加 80 000 元（160 × 500）

由于接受订单，需要专用设备，产生专属成本 10 000 元，而且放弃出租设备的租金 15 000 元，产生机会成本 15 000 元。

相关收益增加 = 115 000 - 80 000 - 10 000 - 15 000 = 10 000（元），所以应接受订单。

（4）如果接受订单:

销售收入增加 115 000 元（230 × 500）

减：变动成本增加　80 000 元（160 × 500）

由于接受订单产生专属成本 15 000 元，机会成本 26 000 元。

相关收益增加 = 115 000 – 80 000 – 15 000 – 26 000 = – 6 000（元），所以应拒绝订单。

5. 解：

根据计算公式：

单位限制资源边际贡献 = 某产品的单位边际贡献/该单位产品限制资源的消耗量

（1）A 产品的单位工时边际贡献 = (240 – 140)/50 = 2

B 产品的单位工时边际贡献 = (100 – 50)/20 = 2.5

C 产品的单位工时边际贡献 = (60 – 24)/15 = 2.4

（2）因为 B 产品的单位工时边际贡献最大，所以应优先生产 B 产品。

（3）该企业剩余的生产能力为：50 000 × 30% = 15 000（机器小时）。

优先生产 B 产品，耗用的生产能力为：20 × 525 = 10 500（机器小时）。

剩余的应用来生产单位工时边际贡献大的 C 产品，可生产的数量为：(15 000 – 10 500)/15 = 300（件）。

由于 C 产品需求量是 200 件，因此生产 C 产品耗用生产能力 = 200 × 15 = 3 000（机器小时），还剩下 15 000 – 10 500 – 3 000 = 1 500（机器小时），用来生产 A 产品，可生产的数量为：1 500/50 = 30（件）。

因此，为了充分利用生产能力，生产 B 产品 525 件、生产 C 产品 200 件，最后生产 A 产品 30 件。

七、案例分析题

解：

（1）完成特殊订单的生产成本如下：

直接材料 440 000 元

直接人工 110 000 元

变动制造费用 42 000 元

其他变动成本 8 000 元

销售佣金 82 000 元（820 000 × 10%）

变动成本总额 682 000 元

销售价格 820 000 元

边际贡献 138 000 元

如果企业接受特殊订单，会产生边际贡献 138 000 元，所以总经理的做法不正确，如果企业接受订单，企业的营业利润将会达到 438 000 元（300 000 + 138 000）。如果企业依然决定拒绝特殊订单，就意味着公司愿意牺牲 138 000 元的短期利润以保持企业长期的价格结构。

（2）由于其他固定成本继续存在，可将外购不锈钢机架和自制不锈钢机架进行增量成本进行对比：

外购相关成本 $= 120 \times 10\ 000 = 1\ 200\ 000$（元）

自制相关成本 $= 1\ 000\ 000$（变动成本）$+ 250\ 000$（可避免固定成本）

$$= 1\ 250\ 000\ （元）$$

由于外购不锈钢机架的成本 1 200 000 元小于自制不锈钢机架成本 1 250 000 元，净增量收益 50 000 元，因此，江兴动力钻具厂将更乐意从供应商手中购买不锈钢机架，因为这样可以使利润提高 50 000 元。

（3）外购不锈钢机架并将因此空闲的机器用于生产升级版动力钻具，运用差量分析法分析如下：

差额收入：销售收入增长 $= 2\ 000 \times 1\ 300 = 2\ 600\ 000$（元）

差额成本：

生产升级版动力钻具变动成本 $= 2\ 000 \times 900$（不包括不锈钢机架的成本与销售佣金）

$$= 1\ 800\ 000\ （元）$$

销售 2 000 件升级版动力钻具佣金 $= 2\ 600\ 000 \times 10\% = 260\ 000$（元）

购买 12 000 件不锈钢机架成本 $= 130 \times 12\ 000 = 1\ 560\ 000$（元）

自产 10 000 件不锈钢机架成本（只有变动成本是相关的）$= 100 \times 10\ 000$

$$= 1\ 000\ 000\ （元）$$

差额成本 $= 1\ 800\ 000 + 260\ 000 + 1\ 560\ 000 - 1\ 000\ 000 = 2\ 620\ 000$（元）

差额利润 $= 2\ 600\ 000 - 2\ 620\ 000 = -20\ 000$（元）

如果选择外购机架并生产升级版钻具，会导致营业利润减少 20 000 元，企业的营业利润将减少至 280 000 元（300 000 − 20 000）。

第四节　教材习题参考答案

一、思考题

1. 相关成本与非相关成本的划分标准是什么？哪些属于相关成本，哪些属于非相关成本？

答：相关成本与无关成本的划分标准是该成本是不是与经营决策有关的未来成本。相关成本是对决策有影响的各种形式的未来成本，如差量成本、机会成本、边际成本、付现成本、专属成本、可选择成本等。那些对决策没有影响的成本，称为无关成本。这类成本过去已经发生，或对未来决策没有影响，因而在决策时不予考虑，如沉没成本、联合成本、约束性成本等。

2. "凡亏损产品就应该停产"这种说法是否正确？为什么？

答：不正确，在短期内，如果亏损产品边际贡献总额小于0，则说明销售该产品的收入尚不能弥补生产该产品的变动成本，故而应当停产，如果亏损产品的边际贡献总额大于0，能弥补部分固定成本，而企业又没有更有利可图的机会，就不应该立即停产此类亏损产品。

3. 什么情况下产品定价用成本加成定价法？什么情况下用市场定价法？

答：产品定价应用加成定价法还是市场定价法，按以下原则确定：

（1）当企业的定价目标是利润最大化或者确定一定的投资收益时，产品定价通常采用成本加成定价法。一般来说，当企业在市场中处于垄断地位，或者在同行业中保持较长时间的竞争优势时，或者当企业力图保持一个长期稳定的收益率，具有较强的实力或是行业领导者时，通常采用这种方法定价。

（2）市场定价法主要适用于固定成本高、投资大、生命周期长的产品以及新产品的研发。在确定目标成本的过程中，对新产品的市场定位以及新产品市场需求分析是其关键所在。一般来说，当企业力图保持或提高市场占有率，树立品牌形象的时候会采用这种方法。

二、本章练习题

1. 解：从资料中可知，三种产品所需要的总机器工时 $= 4 \times 1\,500 + 3 \times 2\,000 + 5 \times 1\,000 = 6\,000 + 6\,000 + 5\,000 = 17\,000$（小时），大于供应量15 000小时，而所需人工总工时 $= 1 \times 1\,500 + 4 \times 2\,000 + 2 \times 1\,000 = 11\,500$（小时），小于20 000小时，人工工时是充足的，所以机器工时是企业的限制资源。

甲产品单位资源边际贡献 $= (25 - 15)/4 = 2.5$

乙产品单位资源边际贡献 $= (29 - 20)/3 = 3$

丙产品单位资源边际贡献 $= (40 - 28)/5 = 2.4$

乙产品的单位资源边际贡献最高，所以应优先生产乙产品，再生产甲产品，根据剩余的机器工时生产丙产品。

2. 解：

（1）进一步深加工时，第一步生产发生的生产成本300 000元已经发生，属沉没成本。所以这300 000元是无关成本。

（2）甲产品深加工后的差量收益 $= (25 - 20) \times 3\,000 - 14\,000 = 1\,000$（元）

乙产品深加工后的差量收益 $= (18.6 - 14) \times 6\,000 - 16\,000 = 11\,600$（元）

丙产品深加工后的差量收益 $= (22.2 - 20) \times 2\,000 - 9\,000 = -4\,600$（元）

由于甲、乙产品的差量收益大于0，丙产品的差量收益小于0，所以甲、乙应深加工，丙产品应直接出售。

3. 解：

（1）由边际贡献率 = 边际贡献/销售收入，边际贡献等于销售收入减变动成本，可

以得出变动成本 = 10 − 10 × 20% = 8（元）

降价后，因企业最大生产能力为 6 000 件，所以最终实现销售量也只能为 6 000 件，即调价后产品边际贡献 = （9 − 8）×6 000 = 6 000（元）。

由于调价后的边际贡献 6 000 元小于调价前边际贡献 8 000 元，所以不应调价。

（2）调价后产品边际贡献 =（12 − 8）×2 500 = 10 000（元）

调价后边际贡献增加 10 000 元大于调价前边际贡献 8 000 元，所以应调价。

4. 解：

三种方式的总成本依次为：

手工：$TC = 400 + 10Q$

机械化：$TC = 600 + 8Q$

自动化：$TC = 900 + 6Q$

通过以上公式，计算两种方式的成本无差别点，手工与机械化成本无差别点 $Q_1 = 100$；手工与自动化成本无差别点 $Q_2 = 125$；机械化与自动化成本无差别点 $Q_3 = 150$。

由图 8 − 1 可知，当生产量小于 100 时，应用手工法，在 100 ~ 150 之间应用机械法，大于 150 后应用自动化法。

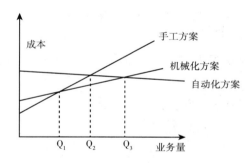

图 8 − 1　成本无差别点图

第九章 长期投资决策

第一节 学习指导

一、学习目标

1. 掌握货币时间价值和现金流量的确定与计算。

2. 理解长期投资决策的基本方法，了解非贴现方法与贴现方法在长期投资决策中的优缺点。

3. 掌握投资方案的投资回收期和平均报酬率的计算，并说明它们在长期投资决策中的作用。

4. 掌握净现值法、内含报酬率法、现值指数法、等年值及平均成本等贴现分析方法。

5. 了解长期风险投资决策的方法。

6. 理解长期投资决策的实际案例。

二、学习重点

本章介绍企业如何评价确定环境下的长期投资决策，学习的重点是围绕长期投资决策项目分析评价项目的现金流量，掌握货币时间价值原理和风险价值原理及资金成本的计算。此外，需要结合相关典型案例，运用几种基本的长期投资决策方法（净现值法、内含报酬率法和获利指数法），更好和更加熟练地掌握长期投资决策方法在实际工作中的应用。

三、学习难点

在长期投资决策分析中，需要考虑货币的时间价值问题和各投资项目方案的现金流量问题。在此基础上，还要搞清楚各种长期投资决策方法之间的优劣，学会在不同长期投资决策情境中选择适当的分析方法，尤其是在不确定环境下的企业投资决策还需要考虑风险因素的影响。

第二节 练习题

一、名词解释

1. 长期投资决策
2. 货币时间价值
3. 资金成本
4. 年金
5. 营业净现金流量
6. 经济寿命
7. 投资回收期
8. 平均报酬率
9. 净现值
10. 内含报酬率
11. 获利指数/现值指数
12. 等年值法

二、判断题

1. 递延在确定固定资产折旧年限时，不仅要考虑其有形损耗，而且要考虑其无形损耗。 （　　）

2. 现代财务管理以现金流量作为衡量一项投资方案或各方案投资报酬之大小的一条重要标准。 （　　）

3. 当净现值为零，内含报酬率大于预定的最低报酬率。 （　　）

4. 若某方案现值指数小于1，说明未来报酬总现值小于原投资额现值。 （　　）

5. 内含报酬率是一项投资方案的净现值等于1的投资报酬率。 （　　）

6. 已知某投资项目的原始投资额为100万元，建设期为2年，投产后第1~8年每年NCF为25万元，第9年和第10年每年NCF为20万元。则该项目包括建设期的静态投资回收期为6年。 （　　）

7. 投资回收期这项指标数值越小越好。 （　　）

8. 两个投资决策方案，不管在任何情况下，都选择净现值大的。 （　　）

9. 已知某单纯固定资产投资项目的资金来源均为自有资金，投产后每年可获利润100万元，年折旧额为150万元，项目期满有残值50万元。据此可以断定，该项目经营期最后一年的净现金流量为300万元。 （　　）

10. 某项投资虽然只涉及一个年度，但同时在该年的年初和年末发生，则该项投资行为从时间特征看属于分次投入方式。 （　　）

三、单项选择题

1. 已知某投资项目的项目计算期是 10 年，资金于建设起点一次投入，当年完工并投产。经预测该项目包括建设期的静态投资回收期是 4 年，则按内含报酬率确定的年金现值系数是（　　　）。

    A. 10　　　　　　　　B. 6　　　　　　　　C. 4　　　　　　　　D. 2.5

2. 已知甲乙两个互斥方案的原始投资额相同，如果决策结论是："无论从什么角度看，甲方案均优于乙方案"，则可能存在的关系是（　　　）。

    A. 甲方案的净现值大于乙方案

    B. 甲方案的净现值率大于乙方案

    C. 甲方案的投资回收期大于乙方案

    D. 甲方案内含报酬率大于乙方案

3. 当某方案的净现值大于零时，其内含报酬率（　　　）。

    A. 可能小于零　　　　　　　　　　　B. 一定等于零

    C. 一定大于设定折现率　　　　　　　D. 可能等于设定折现率

4. 某项目原始投资 1 200 万元，建设期资本化利息 60 万元，运营期税前利润 96 万元，利息费用 24 万元。则项目的投资收益率为（　　　）。

    A. 9.53%　　　　B. 9.52%　　　　C. 10.52%　　　　D. 12%

5. 在利率和计息期数相同的条件下，复利现值系数与复利终值系数（　　　）。

    A. 没有关系　　　　　　　　　　　　B. 互为倒数

    C. 成正比　　　　　　　　　　　　　D. 系数加 1，期数减 1

6. 递延年金的特点是（　　　）。

    A. 没有终值　　　　　　　　　　　　B. 没有第一期的支付额

    C. 没有现值　　　　　　　　　　　　D. 上述说法都对

7. 现值指数法评价投资决策时，贴现率的高低对方案的优先次序（　　　）。

    A. 没有影响　　　　B. 有影响　　　　C. 成正比　　　　D. 成反比

8. 现值指数（　　　）就表明该项目具有正的净现值，对企业有利。

    A. 大于 0　　　　B. 小于 0　　　　C. 大于 1　　　　D. 小于 1

9. 在确定投资方案的相关现金流量时，所应遵循的最基本原则是：只有（　　　）才是与项目相关的现金流量。

    A. 增量现金流量　　　　　　　　　　B. 现金流入量

    C. 现金流出量　　　　　　　　　　　D. 净现金流量

10. 下列各项中，不属于投资项目的现金流出量的是（　　　）。

    A. 建设投资　　　　　　　　　　　　B. 垫支流动资金

    C. 固定资产折旧　　　　　　　　　　D. 经营成本

四、多项选择题

1. 计算营业现金净流量时，每年净现金流量可按（　　）来计算。

A. NCF = 净利 + 折旧

B. NCF =（营业收入 – 付现成本 – 折旧）×（1 – 所得税税率）+ 折旧

C. NCF =（营业收入 – 付现成本）×（1 – 所得税税率）+ 折旧 × 所得税税率

D. NCF = 营业收入 – 付现成本 – 所得税

2. 计算投资方案的增量现金流量时，一般需要考虑方案的（　　）。

A. 机会成本　　　　　B. 沉没成本　　　　　C. 关联成本　　　　　D. 付现成本

3. 下列各项中，属于普通年金形式的项目有（　　）。

A. 零存整取储蓄存款的整取额　　　　　B. 定期定额支付的养老金

C. 年资本回收额　　　　　D. 偿债基金

4. 考虑资金时间价值的主要指标有（　　）。

A. 内含报酬率　　　B. 投资利润率　　　C. 现值指数　　　D. 净现值

5. 一项方案具有财务可行性的必要条件有（　　）。

A. IRR ≥ 1　　　　　B. NPV ≥ 0

C. PI ≥ 1　　　　　D. IRR ≥ 必要报酬率

6. 下列哪些指标属于折现的相对量评价指标（　　）。

A. 净现值率　　　　　B. 现值指数

C. 投资利润率　　　　　D. 内部收益率

7. 完整的工业投资项目的现金流入主要包括（　　）。

A. 营业收入　　　　　B. 回收固定资产变现净值

C. 固定资产折旧　　　　　D. 回收流动资金

8. 在一般投资项目中，当一项投资方案的净现值等于零时，即表明（　　）。

A. 该方案的获利指数等于 1

B. 该方案不具备财务可行性

C. 该方案的净现值率大于零

D. 该方案的内部收益率等于设定折现率或行业基准收益率

9. 当一项长期投资方案的净现值大于零时，则可以说明（　　）。

A. 该方案贴现后现金流入大于贴现后现金流出

B. 该方案的内含报酬率大于预定的贴现率

C. 该方案的现值指数一定大于 1

D. 该方案可以接受，应该投资

10. 下列指标中，考虑到资金时间价值的有（　　）。

A. 净现值　　　B. 现值指数　　　C. 内部报酬率　　　D. 投资回收期

五、简答题

1. 现金流量的构成。

2. 现金净流量与利润的区别。

3. 分别解释静态投资回收期法，净现值法，差额投资内部收益率法和年等额净回收额法。

六、计算与核算题

1. 某企业欲购入设备一台，有两个备选方案 A 和 B，假定企业要求的必要报酬率为 10%，有关数据如表 9 – 1 所示。

表 9 – 1   单位：元

项目		时间			
		0	1	2	3
A方案	固定资产投资	– 90 000	43 000	43 000	43 000
	营业现金流量	– 90 000	43 000	43 000	43 000
	现金流量合计				
B方案	固定资产投资	– 50 000	35 000	20 000	18 000
	营业现金流量	– 50 000	35 000	20 000	18 000
	现金流量合计				

要求：

（1）计算两个方案的静态投资回收期、动态回收期、平均报酬率。

（2）计算两个方案的净现值、获利指数。

（3）计算两个方案的内部收益率。

2. 某完整工业投资项目需要原始投资合计 1 300 万元，其中固定资产投资 1 000 万元（全部为贷款，年利率 10%，贷款期限 7 年），开办费 100 万元，流动资金投资 200 万元。建设期两年。固定资产和开办费投资均平均分两批在第 1 年和第 2 年年初投入，流动资金在第 2 年年末投入。该项目寿命期 5 年，固定资产按直线法计提折旧，期满有 10 万元净残值；开办费全部在投产第 1 年年末摊销。预计投产后每年获得 75 万元净利润，所得税税率为 25%，流动资金于终结点一次收回，投资者的期望收益率为 12%。

要求：计算下列指标，并判断该项目的财务可行性。

（1）项目的计算期。

（2）按照复利计算，项目建设期的资本化利息。

（3）项目的总投资额。

（4）固定资产的年折旧额。

（5）项目运营期内各年的息税前利润。

（6）项目的投资收益率。

（7）项目计算期内各年的现金净流量。

（8）项目包括建设期的静态投资回收期。

（9）项目的净现值和现值指数。

七、案例分析题

润江公司现在准备改善旗下一种产品生产线的自动化水平。可供选择的是全自动化或半自动化。公司是按一个 5 年期的计划运作，每一个选择每年都能制造及销售 10 000 件产品。

全自动化生产线涉及的总投资为 300 万元。产品的材料成本每件 36 元，人工及变动间接成本每件 54 元。

半自动化生产线会造成较高的材料损耗，产品的平均材料成本每件 42 元，而人工及变动间接成本预计每件 123 元。这个选择的投资总额是 750 000 元。

不论选用哪一种制造方法，成品的售价都是每件 225 元。

5 年以后，全自动化生产线的残值将会是 300 000 元，而半自动化的将没有任何残值。管理层使用直线折旧法，而他们对资本投资所要求的投资报酬率是 16%。折旧是唯一的增量固定成本，不考虑所得税影响。

在分析这类投资机会时，公司需计算每件产品的平均总成本、年净利润、年保本销售量以及净现值。

要求：

（1）请计算应该呈交给润江公司管理层的数据，以协助他们作出投资分析。

（2）评论上述所计算的数据，并对该投资选择作出建议。

第三节　习题参考答案

一、名词解释

1. 长期投资是指企业需要投入大量资金，以增加生产经营能力并期望在未来获取收益的经济活动，又称为资本支出或资本预算。长期投资决策就是对各种长期投资方案的投资支出和投资收入进行比较、分析、判断和评价后作出选择的过程。

2. 货币时间价值是指货币经历一定时间的投资和再投资所增加的价值，是扣除风险报酬和通货膨胀贴水后的真实报酬。

3. 资金成本是指企业因筹集和使用资金而付出的代价，是组成企业资本结构的各种资金来源的加权平均成本，也是决定一个投资项目能否被接受的最低报酬率。

4. 年金是指等额、等期的系列收支款项。年金按照等额款项收付时间的不同，分为普通年金、预付年金、递延年金和永续年金。

5. 营业净现金流量是指项目投产后，在其经济寿命期内由生产经营活动带来的现金流入和流出量。其公式计算为：NCF = 营业收入 − 付现成本 − 所得税 = 税后利润 + 折旧。

6. 经济寿命是指使固定资产的年平均成本（未来使用年限内现金流出的总现值与年金现值系数的比值）最低时的使用期限。

7. 投资回收期是指自投资方案实施起，至收回初始投入资本所需的时间，即能够使与此方案相关的累计现金流入量等于累计现金流出量的时间。

8. 平均报酬率是指一项投资方案的年平均净利润与初始投资额的比率，也称会计报酬率。

9. 净现值是指投资项目投入使用后的净现金流量按预定的贴现率折算的现值减去初始投资的现值的差额。

10. 内含报酬率是指使未来现金流入量现值等于未来现金流出量现值的贴现率，即净现值等于零时的贴现率。

11. 获利指数也叫现值指数，是指投资方案的未来净现金流量的现值与初始投资额现值之间的比率。

12. 等年值法，就是把投资项目的所有现金流量，按预定的贴现率等额分摊到各年所得的年金值。

二、判断题

1. √　2. √　3. ×　4. √　5. ×　6. √　7. √　8. ×　9. √　10. √

三、单项选择题

1. C　2. C　3. C　4. B　5. B　6. B　7. B　8. C　9. A　10. C

四、多项选择题

1. AD　2. ACD　3. BCD　4. ACD　5. BCD　6. ABD　7. ABD　8. ACD　9. ABCD　10. ABCD

五、简答题

1. 现金流量的构成。

答：现金流量一般包括初始现金流量、营业现金流量和终结现金流量。

初始现金流量：开始投资时发生的现金流量，包括固定资产买价和安装费用、开办费和无形资产投资、流动资产投资、原有资产变价收入等。

营业现金流量：项目投入使用后，在其寿命期内由于生产经营所带来的现金流入和流出。

终结现金流量：项目终结时所发生的现金流量，包括固定资产残值收入、原来垫支的流动资金收回等。

2. 现金净流量与利润的区别。

答：一个项目是否能顺利进行，有无经济效益，不一定取决于有无会计期间利润，而在于是否能带来正的现金流量，即整个项目能否获得超过项目投资的现金回收。

3. 分别解释静态投资回收期法，净现值法，差额投资内部收益率法和年等额净回收额法。

答：①静态投资回收期法是指以投资项目经营净现金流量抵偿原始总投资所需要的全部时间。

②净现值法是利用净现金效益量的总现值与净现金投资量算出净现值，然后根据净现值的大小来评价投资方案。

③差额投资内部收益率法又称"差额投资内含报酬率法"，是指在计算出两个原始投资额不相等的投资项目的差量现金净流量的基础上，计算出差额内部报酬率，并据以判断这两个投资项目孰优孰劣的方法。

④年等额净回收额法是指在投资额不等且项目计算期不同的情况下，根据各个投资方案的年等额净回收额指标的大小来选择最优方案的决策方法。

六、计算与核算题

1. 解：

（1）方法一：

$-90\,000 + 43\,000 + 43\,000 + 43\,000 = -4\,000 + 43\,000 = 39\,000$（元）

A 的静态投资回收期 =（T - 1）+ 第（T - 1）年的累计净现金流量的绝对值/第 T 年的净现金流量

$=（3 - 1）+ |-4\,000|/43\,000 = 2.09$（年）

方法二：

A 的静态投资回收期 $= 90\,000/43\,000 = 2.09$（年）

$-50\,000+35\,000+20\,000=-15\,000+20\,000=5\,000$（元）

B 的静态投资回收期 =（T－1）+第（T－1）年的累计净现金流量的绝对值/第 T 年的净现金流量

$=(3-1)+|-15\,000|/20\,000=1.75$（年）

A：第 1 年净现金流量 $=43\,000\times(P/F,10\%,1)=43\,000\times0.9091=39\,091.3$（元）

第 2 年净现金流量 $=43\,000\times(P/F,10\%,2)=43\,000\times0.8264=35\,535.2$（元）

第 3 年净现金流量 $=43\,000\times(P/F,10\%,3)=43\,000\times0.7513=32\,305.9$（元）

$-90\,000+39\,091.3+35\,535.2+32\,305.9=-15\,373.5+32\,305.9=16\,932.4$（元）

A 的动态投资回收期 =（累计贴现值出现正值的年数－1）+上年累计贴现值的绝对值/当年净现金流量的折现值 $=(3-1)+|-15\,373.5|/32\,305.9=2+0.48=2.48$（年）

B：第 1 年净现金流量 $=35\,000\times(P/F,10\%,1)=35\,000\times0.9091=31\,818.5$（元）

第 2 年净现金流量 $=20\,000\times(P/F,10\%,2)=20\,000\times8\,264=16\,528$（元）

第 3 年净现金流量 $=18\,000\times(P/F,10\%,3)=18\,000\times0.7513=13\,523.4$（元）

$-50\,000+31\,818.5+16\,528+13\,523.4=-1\,653.5+13\,523.4=11\,869.9$（元）

B 的动态投资回收期 =（累计贴现值出现正值的年数－1）+上年累计贴现值的绝对值/当年净现金流量的折现值 $=(3-1)+|-1\,653.5|/13\,523.4=2+0.12=2.12$（年）

A 的平均报酬率 $=43\,000/90\,000=0.4778=47.78\%$

$(35\,000+20\,000+18\,000)/3=73\,000\div3=24\,333.3$（元）

B 的平均报酬率 $=24\,333.3/50\,000=0.4867=48.67\%$

（2）A：$P=A(P/A,i,n)=A(P/A,10\%,3)=43\,000\times2.4869=106\,936.7$（元）

A 方案的净现值 $NPV_A=106\,936.7-90\,000=16\,936.7$（元）

B 方案的净现值 $NPV_B=31\,818.5+16\,528+13\,523.4-50\,000=11\,869.9$（元）

A 方案的获利指数 $PI_A=(39\,091.3+35\,535.2+32\,305.9)/90\,000=106\,932.4/90\,000=1.188=1.19$

B 方案的获利指数 $PI_B=(31\,818.5+16\,528+13\,523.4)/50\,000=61\,869.9/50\,000=1.237=1.24$

（3）方案一：

A：$43\,000\times(P/A,i,3)=90\,000$（元）

$(P/A,i,3)=2.0930$

查表知，i 介于 20%～24% 之间，用插值法，得：

$(20\%-24\%)/(20\%-i)=(2.1065-1.9813)/(2.1065-2.0930)$

$i=20.43\%$，所以 A 的内部收益率 $IRR_A=20.43\%$

方案二：

当 $i=20\%$ 时，$NPV_1=43\,000\times2.1065-90\,000=579.5$（元）

当 $i=24\%$ 时，$NPV_2=43\,000\times1.9813-90\,000=-4\,804.1$（元）

$IRR_A=i_1+(NPV_1/NPV_1+|NPV_2|)(i_1-i_2)=20\%+(579.5/579.5+|-4\,804.1|)$

（24% −20%）

　=20.43%

B：当 i = 24% 时，NPV_{B1} = 35 000 × (P/F,24%,1) + 20 000 × (P/F,24%,2) + 18 000 × (P/F,24%,3) − 50 000 = 35 000 × 0.8065 + 20 000 × 0.6504 + 18 000 × 0.5245 − 50 000 = 28 227.5 + 13 008 + 9 441 − 50 000 = 676.5（元）

当 i = 28% 时，NPV_{B2} = NPV_{B2} = 35 000 × (P/F,28%,1) + 20 000 × (P/F,28%,2) + 18 000 × (P/F,28%,3) − 50 000 = 35 000 × 0.7813 + 20 000 × 0.6104 + 18 000 × 0.4768 − 50 000 = 27 345.5 + 12 208 + 8 582.4 − 50 000 = −1 864.1（元）

IRR_B = i_1 + (NPV_1/NPV_1 + |NPV_2|)(i_1 − i_2) = 24% + (676.5/676.5 + |−1 864.1|)（28% −24%）

　=25.07%

2. 解：

（1）项目的计算期 = 2 + 5 = 7（年）

（2）项目建设期的资本化利息 = 1 000 × (F/P,10%,2) − 1 000 = 210（万元）

（3）项目的投资总额 = 1 300 + 210 = 1 510（万元）

（4）固定资产年折旧额 = (1 000 + 210 − 10)/5 = 240（万元）

（5）项目运营期内各年的息税前利润 = 75/(1 −25%) + 100 = 200（万元）

（6）项目的投资收益率 = 200/1 510 × 100% = 13.25%

（7）项目各年现金净流量：NCF_0 = −550，NCF_1 = −550，NCF_2 = −200，NCF_3 = 75 + 240 + 100 + 100 = 515，NCF_{4-6} = 75 + 240 + 100 = 415，NCF_7 = 415 + 210 = 625。

（8）含建设期的投资回收期 = 4 + 370/415 = 4.89（年）

（9）净现值 NPV = 625 × (P/F,12%,7) + 415 × (P/A,12%,3)(P/F,12%,3) + 515 × (P/F,12%,3) − 200 × (P/F,12%,2) − 550 × (P/F,12%,1) − 550

=625 × 0.452 + 415 × 2.402 × 0.712 + 515 × 0.712 − 200 × 0.797 − 550 × 0.893 − 550

=282.5 + 709.74 + 366.68 − 159.4 − 491.15 − 550

=158.37（万元）

现值指数 PI = 1 358.92/1 200.55 = 1.13

七、案例分析题

（1）解：

	全自动化	半自动化
变动成本	90 元/件（36 +54）	165 元/件（42 +123）
固定成本	54	15
每件总成本	144 元/件	180 元/件

销售收入	2 250 000 元	2 250 000 元
变动成本	900 000	1 650 000
贡献边际	1 350 000	600 000
固定成本	540 000	150 000
年净利润	810 000 元	450 000 元
保本销售量	4 000 件	2 500 件

因折旧是唯一的增量固定成本，则两种生产线的固定成本计算如下：

全自动化年折旧费 = （3 000 000 - 300 000）÷ 5 = 540 000 （元）

每件产品分配的折旧费 = 540 000 ÷ 10 000 = 54 （元/件）

半自动化年折旧费 = 750 000 ÷ 5 = 150 000 （元）

每件产品分配的折旧费 = 150 000 ÷ 10 000 = 15 （元/件）

全自动化保本销售量 = 540 000 ÷ （225 - 90）= 4 000 （件）

半自动化保本销售量 = 150 000 ÷ （225 - 165）= 2 500 （件）

净现金流量计算如下：

	全自动化	半自动化
初始净现金流量	- 3 000 000 元	- 750 000 元
营业净现金流量（1～5 年）		
（净利润 + 折旧）	1 350 000 元	600 000 元
终结净现金流量（第 5 年）	300 000 元	0

全自动 NPV = - 3 000 000 + 1 350 000 × 3.2743 + 300 000 × 0.4761
　　　　　 = 1 563 135 （元）

半自动 NPV = - 750 000 + 600 000 × 3.2743
　　　　　 = 1 214 580 （元）

（2）全自动化生产线的产品成本较低，当两个选择的售价及产量相同时，全自动化会产生较高的年利润。半自动化所涉及的固定成本（折旧）较低，但变动成本则高出很多。如果按上述的计算，全自动化的保本销售量无疑将是较高的。

全自动化的开始投资较高，权责发生制会计把这成本反映在年折旧上。净现值的计算方法把整个投资资本计入未来折现现金流量。在这个案例中，全自动化得出一个较高的净现值，但也有一个较高的开始支出。

当考虑到开始资本的投资额时，半自动化也变得非常有吸引力。只需要使用全自动化投资资本的 25% 即可达到其 80% 的净现值。使用净现值法需要特别小心，必须考虑公司的具体情况。投资于全自动化将使公司的财富最大化。如果公司不是处于资金紧张的状况，则应选择全自动化。如果公司有若干个项目同时争取有限的资金，便需要知道其他投资机会所带来的报酬，再与全自动化做比较。

如果希望以一个较低风险的投资获取一个有吸引力的报酬，公司应选择半自动化。

本案例中忽略了一些用作分析的资料，例如质量的区别，机器的最高生产能力，销售的最高需求，以及配件和设备的弹性及可交换性等。

第四节　教材习题参考答案

一、思考题

略。

二、本章练习题

1. 解：

（1）$F = 800 \times (F/P, 10\%, 3) = 800 \times 1.3310 = 1\,064.8$（元）

（2）$F = 800 \times (F/P, 2.5\%, 12) = 10\,436$（元）

（3）$F = 200 \times (F/A, 10\%, 4) \times (1 + 10\%) = 200 \times 4.6410 \times (1 + 10\%)$
$\qquad = 1\,021.02$（元）

或 $F = 200 \times [(F/A, 10\%, 5) - 1] = 1\,021.02$（元）

（4）$A = 1\,064.8/(F/A, 10\%, 4) = 1\,064.8/4.6410 = 229.43$（元）

2. 解：

（1）$P = 15 \times [(P/A, 10\%, 7) + 1] = 15 \times (4.8684 + 1) = 88.026$（万元）

（2）$P = 20 \times [(P/A, 10\%, 13) - (P/A, 10\%, 5)]$
$\qquad = 20 \times (7.1034 - 3.7908) = 66.252$（万元）

所以选择方案二

3. 解：

（1）每年折旧 $= (200 + 200 - 40) \div 6 = 60$（万元）

每年营业现金流量 = 销售收入 × (1 - 税率) - 付现成本 × (1 - 税率) + 折旧 × 税率
$= 400 \times (1 - 30\%) - 280 \times (1 - 30\%) + 60 \times 30\%$

$= 102$（万元）

（2）投资项目的现金流量

该方案每年的现金流量如表 9-2 所示。

表 9-2　　　　　　　　　　　　　　　　　　　　　　　　　　　　　　　　　　单位：万元

项目	第 0 年	第 1 年	第 2 年	第 3~7 年	第 8 年
初始投资	-200	-200			
营运资金垫支			-50		

项目	第 0 年	第 1 年	第 2 年	第 3～7 年	第 8 年
营业现金流量				102	102
营运资金回收					50
净残值					40
现金流量	−200	−200	−50	102	192

（3）净现值计算。

$$NPV = 192 \times (P/F, 10\%, 8) + 102 \times (P/A, 10\%, 5) \times (P/F10\%, 2)$$
$$= -50 \times (P/F10\%, 2) - 200 \times (P/F10\%, 1) - 200$$
$$= -14.04 （万元）$$

（4）获利指数 = 409.063/423.1 = 0.97

（5）r = 10%，则，NPV = −14.4（万元）；r = 9%，则 NPV = 4.97（万元）。内含报酬率 IRR = 9.26%。

项目不可行。

第十章　标准成本法

第一节　学习指导

一、学习目标

1. 了解标准成本制度的内容、种类以及作用。
2. 了解制定标准成本的准备工作。
3. 掌握成本项目标准成本的制定方法。
4. 了解成本差异的类型。
5. 掌握直接材料、直接人工和变动制造费用的成本差异分析。
6. 掌握固定制造费用的成本差异分析。

二、学习重点

1. 标准成本的类型包括理想标准成本、正常标准成本、现实标准成本和基本标准成本，重点识别各类型标准成本的特点及适用情形。

2. 标准成本的作用。重点掌握标准成本在成本控制中的作用。

3. 标准成本的制定方法。重点把握直接材料标准成本的制定、直接人工标准成本的制定以及制造费用标准成本的制定。

4. 成本差异分析。（1）根据成本差异产生的原因和性质，成本差异可分为五种类型，应掌握使用控制图识别不同类型的成本差异并进行初步的成本差异分析。（2）由于标准成本是根据数量标准和价格标准计算的，而实际成本是实际数量和实际价格计算的，因此成本差异总是由数量差异和价格差异构成的，应掌握成本差异计算的通用模式，即将成本差异分解成价格差异和数量差异。其中应重点把握直接材料、直接人工以及变动制造费用这三大类变动成本的差异分析；对于固定制造费用，则熟知其两项差异分析法以及三项差异分析法的联系与区别（详见本章学习难点）。

三、学习难点

在成本差异分析中，固定制造费用成本差异分析与其他变动成本差异分析有本质差别，其分析方法有两种，即两项差异分析与三项差异分析，属于本章难点。其中，两项差异分析法将成本差异分解为预算差异以及能量差异。预算差异是固定制造费用实际数与预算数之间的差异。应当注意的是，由于固定制造费用标准分配率是按照固定制造费用预算额除以标准生产能力来制定的，因此即使固定制造费用的实际数与预算数一致，只要实际生产能力与标准生产能力有差异，就会发生少分配或多分配固定制造费用的情况，这时候就会产生能量差异。正因为这种差异是由于分配率公式中的除数（标准生产能力）发生变动而引起的，故该差异也称为"除数差异"。该差异的基本特点有：1. 若标准生产能力等于按实际产量计算的标准工时，则无能量差异。2. 若标准生产能力大于按实际产量计算的标准工时，则该能量差异为不利差异。3. 若标准生产能力小于按实际产量计算的标准工时，则该能量差异为有利差异。对于三项差异分析法，则分为固定制造费用的预算差异、闲置生产能力差异（实际工时未达到标准生产能力而形成的）和效率差异（实际工时脱离实际产量下的标准工时而形成的）。即在两项差异的基础上，将能量差异分解为效率差异以及闲置生产能力差异。因此，在三项差异分析法下，固定制造费用成本差异 = 预算差异 + 闲置生产能力差异 + 效率差异。

第二节　练习题

一、名词解释

1. 标准成本法   2. 理想标准成本
3. 正常标准成本   4. 基本标准成本
5. 直接材料成本差异   6. 直接人工成本差异
7. 变动制造费用成本差异   8. 固定制造费用成本差异

二、判断题

1. 理想的标准成本最合理，能最大限度地激发员工的积极性。　　　（　　）
2. 直接材料的用量差异通常由生产部门负责。　　　（　　）
3. 标准成本要保持其稳定性，也就是说，标准成本一经制定，不允许再发生变动。

（　　）

4. 由于人员安排不当使工资率超过标准引起的直接人工成本差异，应由负责安排工人工作的劳动人事部门或生产部门负责。（　　）

5. 变动性制造费用差异和直接材料、直接人工项目类似，也可以分为数量差异和价格差异。（　　）

6. 在事先制定标准成本时，由于执行人员采用了错误的行动或机器接受了某种错误指令而产生的成本差异，属于预测类的差异。（　　）

7. 在计算变动制造费用标准分配率中，生产能力标准可以是生产数量、机器工时或人工工时。（　　）

8. 标准成本法是一种成本核算与成本控制相结合的方法。（　　）

9. 无论哪种变动成本项目的实际价格上升，都会引起变动成本差异的不利变化。
（　　）

10. 为了满足生产上的急需，对某种材料采取小批量订货，或者由陆运改为空运而形成的直接材料价格的不利差异，应该由采购部门负责。（　　）

三、单项选择题

1. 根据正常工作效率，正常经营能力利用程度和正常价格而制定的标准成本是（　　）。

A. 理想标准成本　　　　　　　B. 正常标准成本
C. 现实标准成本　　　　　　　D. 基本标准成本

2. 下列关于标准成本的说法中，不正确的是（　　）。

A. 标准成本可以指实际产量标准成本

B. 正常标准成本大于理想标准成本，但小于历史平均水平，实施以后实际成本更大的可能是逆差而不是顺差

C. 正常标准成本可以作为评价业绩的尺度，成为督促职工去努力争取的目标

D. 理想标准成本是指在效率良好的条件下制定出来的标准成本

3. 标准成本可以按成本项目分别反映，每个成本项目的标准成本可按下列式子（　　）计算得到。

A. 标准价格×实际用量　　　　B. 实际价格×标准用量
C. 实际价格×实际用量　　　　D. 标准价格×标准用量

4. 直接材料数量差异一般应该由（　　）负责。

A. 采购部门　　　　　　　　　B. 生产部门
C. 人力资源部门　　　　　　　D. 质量控制部门

5. 某企业本月生产产品 4 000 件，实际耗用材料 16 000 千克，其实际价格为每千克 20 元。该耗用材料的用量标准为 3 千克，标准价格为 23.5 元/千克，其直接材料用量差异为（　　）元。

A. 80 000   B. 94 000   C. −40 000   D. −30 000

6. 某产品直接材料标准用量 2 千克/个，直接材料标准价格 10 元/千克，当月实际产量 1 000 个，耗用材料 1 860 千克，材料总成本 20 460 元。当月直接材料价格差异为（   ）元。

A. 1 860（不利）   B. 1 860（有利）

C. 1 000（不利）   D. 1 000（有利）

7. 实际固定制造费用脱离预算而形成的差异称为（   ）。

A. 能量差异   B. 预算差异

C. 效率差异   D. 闲置生产能力差异

8. 下列直接材料价格差异中，应该由生产部门负责的是（   ）。

A. 贪图便宜购进劣质材料   B. 陆运改为空运

C. 为了吃回扣购进高价材料   D. 因未及时提供用料计划导致仓促订货

9. 与预算成本不同，标准成本是一种（   ）。

A. 历史成本   B. 实际成本

C. 单位成本的概念   D. 总额的概念

10. 在确定直接人工标准成本时，标准工时不包括（   ）。

A. 直接加工操作必不可少的时间   B. 必要的间歇和停工时间

C. 调整设备时间   D. 可避免的废品耗用工时

四、多项选择题

1. 影响人工效率差异产生的因素是多方面的，包括（   ）。

A. 生产工人的技术水平   B. 生产工艺过程

C. 原材料的质量   D. 设备的状况

2. 制定直接材料数量标准时，需要考虑的主要因素包括（   ）。

A. 采购价格   B. 运输方式

C. 生产中产生的必要损耗量   D. 构成产品实体的材料用量

3. 成本差异按照成本的构成项目可以分为（   ）。

A. 直接材料成本差异   B. 直接人工成本差异

C. 变动制造费用成本差异   D. 固定制造费用成本差异

4. 下列直接材料用量差异中，应该由生产部门负责的有（   ）。

A. 材料浪费   B. 不能合理下料

C. 压低价格购进低劣材料   D. 工人操作熟练水平

5. 原材料质量低劣，会造成（   ）向不利方向转化。

A. 直接材料价格差异   B. 直接材料数量差异

C. 直接人工效率差异   D. 变动制造费用效率差异

6. 标准成本控制系统的三大具体内容包括（　　　）。

A. 标准成本的制定 　　　　　　　　B. 标准成本账户的设立

C. 成本差异的计算与分析 　　　　　D. 成本差异的账务处理

7. 在标准成本系统中，可将变动制造费用成本差异分解为以下内容，包括（　　　）。

A. 耗费差异/支出差异 　　　　　　B. 预算差异

C. 效率差异 　　　　　　　　　　　D. 价格差异

8. 能量差异反映的是计划生产能力的利用程度，其特点包括（　　　）。

A. 若标准生产能力等于按实际产量计算的标准工时，则无能量差异

B. 若标准生产能力大于按实际产量计算的标准工时，则为不利差异

C. 若标准生产能力大于按实际产量计算的标准工时，则为有利差异

D. 若标准生产能力小于按实际产量计算的标准工时，则为有利差异

9. 正常标准成本是在正常生产经营条件下应该达到的成本水平，它是根据（　　　）制定的标准成本。

A. 现实的耗用水平 　　　　　　　　B. 正常的价格

C. 正常的生产经营能力利用程度 　　D. 现实的价格

10. 分析固定性制造费用成本差异时，下列各式中计算公式正确的有（　　　）。

A. 固定性制造费用成本差异 = 实际产量下实际固定性制造费用 – 实际产量下标准固定性制造费用

B. 固定性制造费用预算差异 = 固定性制造费用耗费差异

C. 固定性制造费用闲置生产能力差异 =（标准生产能力 – 实际工时）× 标准分配率

D. 固定性制造费用成本差异 = 闲置生产能力差异 + 预算差异

五、简答题

1. 标准成本的作用是什么？

2. 变动成本差异类型有哪些？

3. 固定性制造费用差异类型有哪些？

4. 制定标准成本时应该注意哪些因素？

六、计算与核算题

1. 某企业用一种主要材料生产一种产品，全月制造费用预算为 2 100 元，其中变动制造费用预算为 1 400 元，固定制造费用预算为 700 元，全月生产能力标准为 1 400 小时（直接人工工时）。该产品的标准成本卡如表 10 – 1 所示。

表 10 – 1　　　　　　　　　　　　　产品标准成本卡

成本项目	数量标准	价格标准	标准成本（元）
直接材料	50 千克	0.20 元/千克	10.00
直接人工	3 小时	6.00 元/小时	18.00
制造费用：			
变动制造费用	3 小时	1.00 元/小时	3.00
固定制造费用	3 小时	0.50 元/小时	1.50
单位产品标准成本	—	—	32.50

该企业本月生产产品 410 件，其有关实际成本资料如表 10 – 2 所示。

表 10 – 2　　　　　　　　　　　　　实际成本资料

项目	实际数量	实际价格	实际成本（元）
购入直接材料	25 000 千克	0.22 元/千克	5 500.00
耗用直接材料	25 000 千克		
实际直接人工	1 100 小时	5.80 元/小时	6 380.00
实际制造费用：			
变动制造费用			1 300.00
固定制造费用			710.00

要求：根据上述资料，进行有关的成本差异分析。

2. 某工厂只生产一种产品、耗用一种材料，本期实际产量为 12 000 件，耗用材料 26 400 千克，其单价为 12.75 元/千克，直接人工为 40 200 工时，其工资总额为 506 520 元，实际发生变动制造费用 107 250 元，固定制造费用 100 920 元，其标准成本资料如下：

材料标准价格为 13 元/千克，单位产品标准用量为 2 千克/件，单位产品标准工时为 3.3 工时/件，标准工资率为 12 元/工时，变动制造费用标准分配率为 2.5 元/工时，预计生产能力为 9 000 工时，固定制造费用为 100 800 元。

要求：根据上述资料，对直接材料、直接人工和变动制造费用进行成本差异分析。

3. 已知：某企业预计 2019 年消耗的直接人工资料如表 10 – 3 所示。

表 10 – 3　　　　　　　　　　　　　直接人工资料

标准	工序	
	第一道工序	第二道工序
每人月工时（8 小时×22 天）	176	176
生产工人人数	120	80
每月工资总额（元）	1 608 000	1 608 000

续表

标准	工序	
	第一道工序	第二道工序
应付福利费提取率	15%	15%
加工时间（人工小时/件）	45	35
休息时间（人工小时/件）	3	2
其他时间（人工小时/件）	1	2

要求：确定单位 A 产品消耗直接人工的标准成本。

4. 某公司生产甲产品需要直接材料 A。本期生产甲产品 2 500 件，耗用材料为 9 000 千克，材料 A 实际价格为 220 元/千克。已知材料 A 的标准价格为 210 元/千克，单位甲产品的材料 A 用量标准为 4 千克。

要求：计算材料 A 的成本差异。

5. 已知：某企业生产一种产品，相关成本资料如表 10 - 4 和表 10 - 5 所示。

表 10 - 4　　　　　　　　　　　　　直接材料相关资料　　　　　　　　　　　金额单位：元

材料品名	标准成本			实际成本			差异
	耗用量	单价	金额	耗用量	单价	金额	
甲	1 000	10	10 000	1 200	11	13 200	+ 3 200
乙	2 000	6	12 000	2 100	5	10 500	− 1 500
合计			22 000			23 700	+ 1 700

表 10 - 5　　　　　　　　　　　　　制造费用相关资料　　　　　　　　　　　金额单位：元

项目	预算数（工时：6 000）		实际产量标准数（工时：5 000）	实际数（工时：5 500）
	金额	分配率	金额	金额
变动性制造费用	2 400	0.4	0.4 × 5 000 = 2 000	2 090
固定性制造费用	4 800	0.8	0.8 × 5 000 = 4 000	4 675
制造费用合计	7 200	1.2	1.2 × 5 000 = 6 000	6 765

要求：

（1）计算直接材料标准成本差异。

（2）计算直接材料数量差异和价格差异。

（3）计算变动制造费用标准成本差异。

（4）计算变动制造费用的效率差异和耗费差异。

（5）计算固定制造费用标准成本差异。

（6）计算固定制造费用的预算差异和能量差异。

6. 已知：某企业预计 2019 年甲产品消耗的制造费用资料如表 10-6 所示。

表 10-6   甲产品消耗的制造费用资料

标准	工序	
	第一车间	第二车间
制造费用预算（元）		
变动性制造费用预算	291 480	553 280
间接材料费用	180 000	380 000
间接人工费用	90 000	160 000
水电费用	21 480	13 280
固定性制造费用预算	458 040	698 880
管理人员工资	80 000	398 000
折旧费	68 000	78 000
其他费用	310 040	222 880
预算的标准工时（机器小时）	20 820	29 120
用量标准（机器小时/件）	75	90

要求：确定单位甲产品制造费用的标准成本。

7. 已知：某企业生产甲产品，有关资料如下：

（1）生产甲产品耗用 A 和 B 两种材料。其中，A 材料标准价格为每千克 12 元，B 材料标准价格为每千克 28 元。单位产品耗用 A 材料为每件 8 千克，B 材料为每件 10 千克。

（2）甲产品单位标准工时为 18 小时，直接人工标准工资率为 16 元/小时。

（3）固定制造费用预算数为 81 000 元；变动制造费用预算数为 42 000 元。标准总工时数为 10 000 小时。

要求：计算甲产品的标准成本。

8. 甲公司生产 M 产品，采用标准成本法进行成本管理。月标准总工时为 23 400 小时，月标准变动制造费用总额为 84 240 元。工时标准为 2.2 小时/件。假定甲公司本月实际生产 M 产品 7 500 件，实际耗用总工时 15 000 小时，实际发生变动制造费用 57 000 元。

要求：

（1）计算 M 产品的变动制造费用标准分配率；

（2）计算 M 产品的变动制造费用实际分配率；

（3）计算 M 产品的变动制造费用成本差异；

（4）计算 M 产品的变动制造费用效率差异；

（5）计算 M 产品的变动制造费用耗费差异。

9. B 公司生产乙产品，乙产品直接人工标准成本相关资料如表 10-7 所示。

表 10-7   乙产品直接人工标准成本资料

项目	标准
月标准总工时	21 000 小时
月标准总工资	420 000 元
单位产品工时用量标准	2 小时/件

假定 B 公司本月实际生产乙产品 10 000 件，实际耗用总工时 25 000 小时，实际应付直接人工工资 550 000 元。

要求：

（1）计算乙产品标准工资率和单位直接人工标准成本；

（2）计算乙产品直接人工成本差异、直接人工工资率差异和直接人工效率差异。

10. 乙公司是一家制造企业，长期以来只生产 A 产品。2019 年有关资料如下：

资料一：8 月份 A 产品月初存货量预计为 180 件，8 月份和 9 月份的预计销售量分别为 2 000 件和 2 500 件。A 产品的预计月末存货量为下月销售量的 12%。

资料二：生产 A 产品需要耗用 X、Y、Z 三种材料，其价格标准和用量标准如表 10-8 所示。

表 10-8   A 产品直接材料成本标准

项目	标准		
	X 材料	Y 材料	Z 材料
价格标准	10 元/千克	15 元/千克	20 元/千克
用量标准	3 千克/件	2 千克/件	2 千克/件

资料三：公司利用标准成本信息编制直接人工预算。生产 A 产品的工时标准为 3 小时/件，标准工资率为 20 元/小时。8 月份 A 产品的实际产量为 2 200 件，实际工时为 7 700 小时，实际发生直接人工成本 146 300 元。

资料四：公司利用标准成本信息，并采用弹性预算法编制制造费用预算，A 产品的单位变动制造费用标准成本为 18 元，每月的固定制造费用预算总额为 31 800 元。

资料五：A 产品的预计销售单价为 200 元/件，每月销售收入中，有 40% 在当月收取现金，另外的 60% 在下月收取现金。

资料六：9 月初现金余额预计为 60 500 元，本月预计现金支出为 487 500 元。公司理想的月末现金余额为 60 000 元且不低于该水平，现金余额不足时向银行借款，多余时归还银行借款，借入和归还金额均要求为 1 000 元的整数倍。不考虑增值税及其他因素的影响。

要求：

（1）根据资料一，计算 8 月份 A 产品的预计生产量；

（2）根据资料二，计算 A 产品的单位直接材料标准成本；

（3）根据要求（1）的计算结果和资料三，计算 8 月份的直接人工预算金额；

（4）根据资料三，计算下列成本差异：直接人工成本差异；直接人工效率差异；直接人工工资率差异；

（5）根据要求（1）的计算结果和资料四，计算 8 月份制造费用预算总额；

（6）根据要求（1）、（2）的计算结果和资料三、资料四，计算 A 产品的单位标准成本；

（7）根据资料一和资料五，计算公司 9 月份的预计现金收入；

（8）根据要求（7）的计算结果和资料六，计算 9 月份的预计现金余缺，并判断为保持所需现金余额，是否需要向银行借款，如果需要，指出应借入多少款项。

七、案例分析题

宝钢于 1995 年着手推进标准成本制度，1996 年正式采用标准成本制度，包括标准成本的核算体系及管理体系。通过 5 年的推进，宝钢在成本管理上取得了飞速的发展，丰富了管理会计中有关标准成本的内涵。宝钢的标准成本制度依据各生产流程的操作规范，利用健全的生产，工程、技术测定（包括时间及动作研究、统计分析、工程实验等方法），对各成本中心及产品制定合适的数量化标准，再将该数量化标准金额化，作为成本绩效衡量与标准产品成本计算的基础。通过标准成本的整合、电算化，责任层层落实，组织起高效的成本网络，细化成本核算，量化故障成本等多种手段和方法，在降低成本方面取得了显著的成绩。

具体来看，宝钢的措施主要有以下几个方面：（1）制定成本中心；（2）针对明细产品（产品大类＋材质＋规格）制定成本标准；（3）按消耗差异和价格差异揭示及分析成本差异；（4）认真进行成本核算。

要求：思考标准成本制度的具体内容是什么？实践中标准成本制度的应用价值大吗？

第三节　习题参考答案

一、名词解释

1. 标准成本法，是指通过制定标准成本，将标准成本与实际成本进行比较获得成本差异，并对成本差异进行因素分析，据以加强成本控制的一种会计信息系统和成本控制系统。

2. 理想标准成本，是以现有生产技术条件处于最佳状态为基础确定的最低成本，它是根据理论上的生产要素耗用量、最理想的生产要素价格和可能实现的最高生产经营能力利用程度制定的。

3. 正常标准成本，是根据正常工作效率、正常经营能力利用程度和正常价格而制定的一种标准成本，也就是根据企业过去若干时期实际成本数据的统计平均值，剔除其中生产经营活动中的偶然因素并考虑未来的成本变动趋势而制定的标准成本。

4. 基本标准成本，是指一经制定，只要生产经营的基本条件无重大变化就不予变动的一种标准成本。

5. 直接材料成本差异，是指一定产量产品的直接材料实际成本与直接材料标准成本之间的差异。包括直接材料价格差异和直接材料数量差异。

6. 直接人工成本差异，是指一定产量产品的直接人工实际成本与直接人工标准成本之间的差异。包括直接人工工资率差异和直接人工效率差异。

7. 变动制造费用成本差异，是指一定产量产品的实际变动制造费用与标准变动制造费用之间的差额。变动制造费用是变动制造费用分配率与直接人工工时之积，因此，变动制造费用差异包括变动制造费用支出差异和变动制造费用效率差异。

8. 固定制造费用成本差异，是指一定期间的实际固定制造费用与标准固定制造费用之间的差额。包括固定制造费用预算差异和固定制造费用能量差异。预算差异，也称耗费差异或支出差异，是一种可控差异，指的是固定制造费用实际数与预算数之间的差异。由于固定制造费用标准分配率是按照固定制造费用预算额除以标准生产能力来制定的，即使固定制造费用的实际数与预算数一致，只要实际生产能力与标准生产能力有差异，就会发生少分配或多分配固定制造费用的情况。正因为这种差异是由于分配率公式中的除数（标准生产能力）发生变动而引起的，故该项差异亦可称为"除数差异"，反映的是计划生产能力的利用程度。这种差异叫作能量差异。

二、判断题

1. ×　2. √　3. ×　4. √　5. √　6. ×　7. √　8. √　9. √　10. ×

三、单项选择题

1. B　2. D　3. D　4. B　5. B　6. A　7. B　8. D　9. C　10. D

四、多项选择题

1. ABCD　2. CD　3. ABCD　4. ABD　5. BCD　6. ACD　7. AC　8. ABD　9. BC　10. ABC

五、简答题

1. 标准成本的作用是什么？

答：在成本控制中运用标准成本所起到的主要作用有：

①标准成本作为一种预计成本或目标成本，代表良好效率下应当发生的成本，可作为业绩衡量的依据，有利于企业奖惩制度的实施。

②标准成本有助于责任会计的推行。标准成本既可作为编制责任成本预算的依据，也可作为考核责任中心成本控制业绩的标准。事实上，标准成本本身就是单位成本预算。在考核责任中心成本控制业绩时，可将标准成本下实际产量应该发生的成本与实际发生的成本进行对比，发现实际成本与标准成本之间的差异，进而分析差异产生的原因。

③标准成本的客观性和科学性使它具有相当的权威性，同时它又是建立工资制度和激励制度必须考虑的因素，所以它对职工具有激励作用，可增强职工的成本观念，促进资源的有效利用，进而达到降低成本的目的，全面提高企业经济效益。

④标准成本可作为产品定价的基准。

⑤标准成本与会计账务处理相结合，材料、在产品、产成品和销货成本平时均可以按标准成本入账，所产生的差异均可由发生期间负担，可大大简化成本计算、日常账务处理和财务报表的编制工作。

⑥采用标准成本，可便于例外管理原则的应用。实施标准成本制度所揭示的成本差异及其分析结果，是例外管理赖以进行的必要信息。只要成本维持在标准成本之内，管理人员即可不必采取行动。只有实际成本偏离标准成本达到一定程度时，才视为"例外"，需采取纠正的行动。这样企业的成本管理往往能收到事半功倍之效。

2. 变动成本差异类型有哪些？

答：变动成本差异包括直接材料成本差异、直接人工成本差异和变动制造费用成本差异。决定变动成本数额的因素是价格和耗用数量。所以，对于直接材料成本差异、直接人工成本差异和变动制造费用差异，按形成原因可分为价格差异和数量差异。

3. 固定性制造费用差异类型有哪些？

答：固定制造费用是固定成本，不随业务量的变动而变动，其差异不能简单地分为价格因素和耗用数量因素，而应分为预算差异、闲置生产能力差异和效率差异。

4. 制定标准成本时，应该注意哪些因素？

答：制定标准成本时，应考虑到在有效作业状态下所需要的材料和人工数量、预期支付的材料和人工费用，以及在正常生产情况下应分摊的间接费用等因素；标准成本的制定涉及销售、生产、采购、人力资源、财务等各方面内容，因此需要相关部门协商制定；标准成本的目标不可制定过高，以免打击生产者的积极性和信心，也不能门槛过低，否则失去管理的意义，而应是切实通过努力可达到的。

六、计算与核算题

1. 解：成本差异计算：

直接材料价格差异 $= (AP - SP) \times AQ = (0.22 - 0.20) \times 25\,000 = 500$（元）（U）

直接材料数量差异 $= (AQ - SQ) \times SP = (25\,000 - 410 \times 50) \times 0.20 = 900$（元）（U）

直接材料成本差异 $= AQ \times AP - SQ \times SP = 5\,500 - 410 \times 50 \times 0.2 = 1\,400$（元）（U）

直接人工工资率差异 $= (AP - SP) \times AQ = (5.8 - 6) \times 1\,100 = -220$（元）（F）

直接人工效率差异 $= (AQ - SQ) \times SP = (1\,100 - 410 \times 3) \times 6 = -780$（元）（F）

直接人工成本差异 $= AQ \times AP - SQ \times SP = 6\,380 - 410 \times 3 \times 6 = -1\,000$（元）（F）

变动制造费用支出差异 $= (AP - SP) \times AQ = (1\,300 \div 1\,100 - 1) \times 1\,100$
$$= 200（元）（U）$$

变动制造费用效率差异 $= (AQ - SQ) \times SP = (1\,100 - 410 \times 3) \times 1 = -130$（元）（F）

变动制造费用成本差异 $= AQ \times AP - SQ \times SP = 1\,300 - 410 \times 3 \times 1 = 70$（元）（U）

固定制造费用预算差异 $=$ 固定制造费用实际额 $-$ 固定制造费用预算额 $= 710 - 700$
$$= 10（元）（U）$$

固定制造费用能量差异 $=$ 固定制造费用预算额 $-$ 固定制造费用标准成本 $= 700 - 410 \times 3 \times 0.5 = 85$（元）（U）

固定制造费用成本差异 $=$ 固定制造费用实际额 $-$ 固定制造费用标准成本 $= 710 - 410 \times 3 \times 0.5 = 95$（元）（U）

2. 解：

直接材料、直接人工和变动制造费用差异：

直接材料价格差异 $= (AP - SP) \times AQ = (12.75 - 13) \times 26\,400 = -6\,600$（元）（F）

直接材料数量差异 $= (AQ - SQ) \times SP = (26\,400 - 12\,000 \times 2) \times 13$
$$= 31\,200（元）（U）$$

直接人工工资率差异 $= (AP - SP) \times AQ = (506\,520 \div 40\,200 - 12) \times 40\,200$
$$= 24\,120（元）（U）$$

直接人工效率差异 $= (AQ - SQ) \times SP = (40\,200 - 12\,000 \times 3.3) \times 12$
$$= 7\,200（元）（U）$$

变动制造费用支出差异 $= (AP - SP) \times AQ = (107\,250 \div 40\,200 - 2.5) \times 40\,200$
$$= 6\,750（元）（U）$$

变动制造费用效率差异 $= (AQ - SQ) \times SP = (40\,200 - 12\,000 \times 3.3) \times 2.5$
$$= 1\,500（元）（U）$$

3. 解：单位 A 产品消耗直接人工的标准成本如表 10-9 所示。

表 10 - 9　　　　　　　　　　　单位 A 产品消耗直接人工的标准成本的制定

标准	工序	
	第一道工序	第二道工序
每人月工时（8 小时×22 天）	176	176
生产工人人数	120	80
每月总工时	21 120	14 080
每月工资总额（元）	1 608 000	1 608 000
工资率标准（元/小时）	76	114
应付福利费提取率	15%	15%
直接人工价格标准	87.4	131
加工时间（人工小时/件）	45	35
休息时间（人工小时/件）	3	2
其他时间（人工小时/件）	1	2
直接人工用量标准（人工小时/件）	49	39

第一工序直接人工标准成本为：$87.4 \times 49 = 4\ 282.6$（元/件）

第二工序直接人工标准成本为：$131 \times 39 = 5\ 109$（元/件）

因此单位 A 产品的直接人工标准成本为：$4\ 282.6 + 5\ 109 = 9\ 391.6$（元/件）

4. 解：

直接材料价格差异 $= (AP - SP) \times AQ = (220 - 210) \times 9\ 000 = 90\ 000$（元）（U）

直接材料数量差异 $= (AQ - SQ) \times SP = (9\ 000 - 2\ 500 \times 4) \times 210$
$$= -210\ 000 \text{（元）（F）}$$

直接材料成本差异 $= AQ \times AP - SQ \times SP = 9\ 000 \times 220 - 2\ 500 \times 4 \times 210$
$$= -120\ 000 \text{（元）（F）}$$

5. 解：

计算如下。

（1）直接材料标准成本差异 $= 23\ 700 - 22\ 000 = 1\ 700$（元）（U）

（2）直接材料数量差异 $= 10 \times (1\ 200 - 1\ 000) + 6 \times (2\ 100 - 2\ 000)$
$$= 2\ 600 \text{（元）（U）}$$

直接材料价格差异 $= (11 - 10) \times 1\ 200 + (5 - 6) \times 2\ 100 = -900$（元）（F）

（3）变动性制造费用标准成本差异 $= 2\ 090 - 2\ 000 = 90$（元）（U）

（4）变动性制造费用效率差异 $= 0.4 \times (5\ 500 - 5\ 000) = 200$（元）（U）

变动性制造费用耗费差异 $= (2\ 090 \div 5\ 500 - 0.4) \times 5\ 500 = -110$（元）（F）

（5）固定性制造费用标准成本差异 $= 4\ 675 - 4\ 000 = 675$（元）（U）

（6）固定性制造费用预算差异 $= 4\ 675 - 4\ 800 = -125$（元）（U）

固定性制造费用能量差异 $= 4\ 800 - 4\ 000 = 800$（元）（U）

6. 解：计算如下。

第一车间：

变动制造费用分配率 = 291 480 ÷ 20 820 = 14（元/小时）

固定制造费用分配率 = 458 040 ÷ 20 820 = 22（元/小时）

制造费用分配率 = 14 + 22 = 36（元/小时）

制造费用标准成本 = 36 × 75 = 2 700（元/件）

第二车间：

变动制造费用分配率 = 553 280 ÷ 29 120 = 19（元/小时）

固定制造费用分配率 = 698 880 ÷ 29 120 = 24（元/小时）

制造费用分配率 = 19 + 24 = 43（元/小时）

制造费用标准成本 = 43 × 90 = 3 870（元/件）

因此单位甲产品制造费用标准成本 = 2 700 + 3 870 = 6 570（元/件）

7. 解：

标准原材料成本 = 12 × 8 + 28 × 10 = 376（元）

标准人工成本 = 18 × 16 = 288（元）

标准制造费用 = 81 000 ÷ 10 000 × 18 + 42 000 ÷ 10 000 × 18 = 221.4（元）

甲产品标准成本 = 376 + 288 + 221.4 = 885.4（元）

8. 解：计算如下。

（1）变动制造费用标准分配率 = 84 240 ÷ 23 400 = 3.6（元/小时）

（2）变动制造费用实际分配率 = 57 000 ÷ 15 000 = 3.8（元/小时）

（3）变动制造费用成本差异 = 57 000 − 7 500 × 2.2 × 3.6 = −2 400（元）（F）

（4）变动制造费用效率差异 = （15 000 − 7 500 × 2.2）× 3.6 = −5 400（元）（F）

（5）变动制造费用耗费差异 = 15 000 × （3.8 − 3.6）= 3 000（元）（U）

9. 解：计算如下。

（1）乙产品的标准工资率 = 420 000 ÷ 21 000 = 20（元/小时）

乙产品单位直接人工标准成本 = 20 × 2 = 40（元）

（2）乙产品直接人工成本差异 = 550 000 − 10 000 × 40 = 150 000（元）（U）

乙产品直接人工工资率差异 = （550 000 ÷ 25 000 − 20）× 25 000 = 50 000（元）（U）

乙产品直接人工效率差异 = （25 000 − 10 000 × 2）× 20 = 100 000（元）（U）

10. 解：计算如下。

（1）8 月份 A 产品的预计生产量 = 2 000 + 2 500 × 12% − 180 = 2 120（件）

（2）A 产品的单位直接材料标准成本 = 10 × 3 + 15 × 2 + 20 × 2 = 100（元/件）

（3）8 月份的直接人工预算金额 = 2 120 × 3 × 20 = 127 200（元）

（4）直接人工成本差异 = 146 300 − 2 200 × 3 × 20 = 14 300（元）（U）

直接人工效率差异 = （7 700 − 2 200 × 3）× 20 = 22 000（元）（U）

直接人工工资率差异 = （146 300 ÷ 7 700 − 20）× 7 700 = −7 700（元）（F）

（5）制造费用预算总额 $= 31\,800 + 18 \times 2\,120 = 69\,960$ （元）

（6）A 产品的单位标准成本 $= 100 + 3 \times 20 + 69\,960 \div 2\,120 = 193$ （元/件）

（7）9 月份的预计现金收入 $= 2\,500 \times 200 \times 40\% + 2\,000 \times 200 \times 60\%$

$$= 440\,000 \text{ （元）}$$

（8）9 月份的预计现金余缺 $= 60\,500 + 440\,000 - 487\,500 = 13\,000$ （元）

预计现金余缺 13 000 元小于理想的月末现金余额 60 000 元，所以需要向银行借款。

即 13 000 + 借款 ≥ 60 000，借款 ≥ 47 000 元，借入和归还金额均要求为 1 000 元的整数倍，所以应该借款 47 000 元。

七、案例分析题

解：标准成本制度的内容主要包括标准成本的制定、成本差异的计算与分析、成本差异的账务处理三个部分。通过标准成本的制定，把成本的事前计划、日常控制和最终产品成本的确定有机地结合起来，可以加强成本的管理。成本差异的计算与分析的目的是明确优势与不足，为日后降低产品成本，加强成本控制奠定基础。而成本差异的账务处理则将已经产生的成本差异各项目记录在账簿中，以满足对外报告会计的需要。宝钢所实施的标准成本制度包括前述内容。

标准成本制度的实施能够帮助企业推行责任会计，对职工有激励作用，可增强职工的成本观念，促进资源的有效利用，进而达到降低成本的目的，全面提高企业经济效率。此外，标准成本还可以作为产品定价的基准，可帮助企业进行"例外"管理。实施标准成本制度能够给企业带来一定价值。

第四节　教材习题参考答案

一、思考题

1. 标准成本制度包括哪些内容？

答：标准成本制度的内容主要包括标准成本的制定、成本差异的计算与分析、成本差异的账务处理三个部分。

2. 标准成本有哪几类？标准成本的作用表现在哪些方面？

答：标准成本分为理想标准成本、正常标准成本、现实标准成本和基本标准成本。实施标准成本制度能够帮助企业推行责任会计，对职工有激励作用，可增强职工的成本观念，促进资源的有效利用，进而达到降低成本的目的，全面提高企业经济效率。此外，标准成本还可以作为产品定价的基准，可帮助企业进行"例外"管理。

3. 如何制定标准成本？

答：标准成本的制定包括直接材料标准成本制定，直接人工标准成本制定和制造费用标准成本制定。直接材料标准成本包括用量标准和价格标准；直接人工标准成本包括工时标准和工资率标准；变动制造费用的制定需要确定用量标准和变动制造费用标准分配率，变动制造费用的用量标准与直接人工标准成本制定中所确定的单位产品的工时标准相同；固定制造费用标准成本的制定，应视采用的成本计算方法而定。如果采用变动成本法，则固定制造费用不包括在产品的单位成本之中，因而单位产品的标准成本中也不必包括固定制造费用标准成本；如果采用完全成本法，则固定制造费用包括在产品的单位成本中，因此需要制定固定制造费用标准成本，其制定方法与变动制造费用标准成本大致相同。

4. 成本差异的成因一般有几种类型？不同的成本差异对进行成本差异调查分析有何指导意义？

答：成本差异的类型包括执行类差异、预测类差异、模型类差异、计量类差异和随机类差异。在明确了成本差异产生原因的不同类型之后，进行成本差异分析才能有的放矢，正确应用例外管理原则，有效地控制成本。对单纯的随机类差异，不必具体调查其原因，以节约调查费用；对预测类差异、模型类差异或计量类差异，须调整标准成本或纠正计量错误；对执行类差异，则须特别重视，追究执行者的责任，及时加以控制。

5. 如何开展成本差异的计算与分析？

答：开展成本差异的计算与分析包括直接材料成本差异、直接人工成本差异、变动制造费用成本差异和固定制造费用成本差异，应对以上类别分别进行计算与分析，找到成本差异产生的原因并进行处理。

6. 在成本控制中如何应用例外管理原则？

答："例外管理"是成本控制原则中的重要内容，要求对脱离标准的重大差异展开调查，只要成本维持在标准成本之内，管理人员即可不必采取行动，一旦实际成本偏离标准成本达到一定程度时，才视为"例外"，并采取纠正的行动。

7. 如何恰当地落实成本差异的责任归属，以便成本控制系统健全而有效地运行？

答：落实成本差异的责任归属，需要企业掌握成本差异产生的一般原因。比如，一般来说，材料价格差异是在采购过程中形成的，应由采购部门负责。材料数量差异主要是在材料耗用过程中形成的，通常应由生产部门负责。但是，仅仅明确差异产生的一般原因是不够的，有些时候需要作出具体的调查分析才能判明责任，正确进行责任归属。比如，由于生产上的临时需要而进行小批量采购或紧急采购时，因不能享受数量折扣或由陆运改为空运而引起的价格差异，则不应由采购部门负责，而应由生产部门负责；而采购部门片面为了压低进料价格而购入低质量的材料，导致生产部门用料过多，由此而产生的材料用量差异应由采购部门负责。对待差异产生的责任归属，要进行科学分析，才能进行有效成本控制。

二、本章练习题

1. 解：

直接材料标准成本 $= 20 \times 5 + 32 \times 9 = 388$（元/件）

直接人工标准成本 $= 8.5 \times 13 = 110.5$（元/件）

变动性制造费用标准成本 $= 38\,000 \div 10\,000 \times 13 = 49.4$（元/件）

固定性制造费用标准成本 $= 61\,000 \div 10\,000 \times 13 = 79.3$（元/件）

A 产品标准成本 $= 388 + 110.5 + 49.4 + 79.3 = 627.2$（元/件）

2. 解： 根据所给资料计算出工资率及制造费用分配率：

标准工资率 $=$ 直接人工工资总额 $\div$ 直接人工标准工时数 $= 36\,000 \div 9\,000 = 4$（元/小时）

变动制造费用分配率 $=$ 变动制造费用预算总额 $\div$ 标准总工时

$\qquad = 7\,200 \div 9\,000 = 0.8$（元/小时）

固定制造费用分配率 $=$ 固定制造费用预算总额 $\div$ 标准总工时

$\qquad = 11\,520 \div 9\,000 = $（1.28 元/小时）

根据上述计算结果，编制 A 产品标准成本计算表，如表 10 - 10 所示。

表 10 - 10　　　　　　　　　　**A 产品标准成本计算表**

项目	标准用量	标准价格	单位标准成本
直接材料	8 千克	10 元/千克	80 元
直接人工	10 小时	4 元/小时	40 元
变动制造费用	10 小时	0.8 元/小时	8 元
固定制造费用	10 小时	1.28 元/小时	12.8 元
合计			140.8 元

3. 解：

（1）固定制造费用分配率 $=$ 固定制造费用预算总额 $\div$ 标准总工时

$\qquad = 180\,000 \div 15\,000 = 12$ 元/小时

（2）固定制造费用预算差异 $=$ 固定制造费用实际数额 $-$ 固定制造费用预算数额

$\qquad = 250\,000 - 10\,000 \times 2 \times 12 = 10\,000$ 元（U）

（3）固定制造费用能量差异 $=$ 固定制造费用预算数额 $-$ 固定制造费用标准成本

$\qquad = 10\,000 \times 2 \times 12 - 8\,000 \times 2 \times 12 = 48\,000$ 元（U）

（4）固定制造费用成本总差异 $=$ 固定制造费用实际数额 $-$ 固定制造费用标准数额

$\qquad = 250\,000 - 8\,000 \times 2 \times 12 = 58\,000$ 元（U）

4. 解：

（1）甲产品的单位标准成本 $=$ 直接材料标准成本 $+$ 直接人工标准成本 $+$ 变动制造费用标准成本 $+$ 固定制造费用标准成本

$=10 \times 3 + 8 \times 5 + 3 \times 12 + 8 \times 3 + 12 \times 3 = 166$（元）

（2）根据题意，直接人工总差异为 3 220 元不利差异；则：

$(AR \times AH - SR \times SH) = 3\ 220$（U）

$(AR \times AH - 12 \times 1\ 300 \times 3) = 3\ 220$（U）

实际发生的直接人工 $AR \times AH = 50\ 020$（元）

（3）直接人工工资率差异 $= (AR - SR) \times AH = (50\ 020/4\ 100 - 12) \times 4\ 100 = 820$ 元（U）

直接人工效率差异 $= (AH - SH) \times SR = (4\ 100 - 1\ 300 \times 3) \times 12 = 2\ 400$ 元（U）

5. 解：

直接材料：

直接材料价格差异 $= (AP - SP) \times AQ = (1.6 - 1.8) \times 25\ 000 = -5\ 000$ 元（F）

直接材料用量差异 $= (AQ - SQ) \times SP = (25\ 000 - 6 \times 5\ 000) \times 1.8 = -9\ 000$ 元（F）

直接材料成本总差异 $= AQ \times AP - SQ \times SP = 40\ 000 - 5\ 000 \times 6 \times 1.8 = -14\ 000$ 元（F）

直接人工：

直接人工工资率差异 $= (AR - SR) \times AH = (20 - 18) \times 5\ 000 = 10\ 000$ 元（U）

直接人工效率差异 $= (AH - SH) \times SR = (5\ 000 - 1.4 \times 5\ 000) \times 18 = -36\ 000$ 元（F）

直接人工成本总差异 $= AR \times AH - SR \times SH = 100\ 000 - 18 \times 5\ 000 \times 1.4 = -26\ 000$ 元（F）

变动制造费用：

变动制造费用支出差异 $= (AR - SR) \times AH = (16 - 14) \times 5\ 000 = 10\ 000$ 元（U）

变动制造费用效率差异 $= (AH - SH) \times SR = (5\ 000 - 1.4 \times 5\ 000) \times 14 = -28\ 000$ 元（F）

变动制造费用总差异 $= AR \times AH - SR \times SH = 80\ 000 - 14 \times 5\ 000 \times 1.4 = -18\ 000$ 元（F）

固定制造费用：

固定制造费用预算差异 = 固定制造费用实际数额 − 固定制造费用预算数额
$= 60\ 000 - 1.4 \times 10 \times 6\ 000 = -24\ 000$ 元（F）

固定制造费用能量差异 = 固定制造费用预算数额 − 固定制造费用标准成本
$= 1.4 \times 10 \times 6\ 000 - 1.4 \times 10 \times 5\ 000 = 14\ 000$ 元（U）

固定制造费用总差异 = 固定制造费用实际数额 − 固定制造费用标准数额
$= 60\ 000 - 1.4 \times 10 \times 5\ 000 = -10\ 000$ 元（F）

固定制造费用效率差异 = （实际工时 − 实际产量标准工时）× 标准分配率
$= (5\ 000 - 5\ 000 \times 1.4) \times 10 = -20\ 000$ 元（F）

固定制造费用闲置生产能力差异 = （标准生产能力 − 实际工时）× 标准分配率
$= (1.4 \times 6\ 000 - 5\ 000) \times 10 = 34\ 000$ 元（U）

6. 解：

（1）小陈之所以大量购进原材料，是因为大量购进原材料能够从供应商处获得折扣，使得采购价格降低。但是这种行为的最终目的不是降低价格，而是通过考核。在标准成本制度下，原材料采购价格差异通常由采购部门也就是小陈所在的部门负责，采购价格差异将原材料的标准成本与实际成本进行对比，如果实际成本高于标准成本，则产生不利差异，需要寻找具体原因，小陈可能会被调查，需要承担责任，可能不能通过考核。如果实际成本低于标准成本，则产生有利差异。小陈则能够通过考核。

（2）言之有理即可。例如，小陈不应该被解雇，小陈之所以能够这么做，说明公司制度还是存在问题，存在漏洞。企业要做的，应该是修改完善相应制度，提供专业培训，提高预算执行者的专业意识和道德意识。对不能达成标准的部门或人员，允许其有改正进步的机会，而不是"一刀切"地去解雇这些人员。

第十一章　责任会计

第一节　学习指导

一、学习目标

1. 了解企业组织模式和会计学的变迁。
2. 理解责任会计的含义。
3. 了解责任会计的主要内容和核算原则。
4. 掌握成本中心、收入中心、利润中心、投资中心的含义、考核指标和业绩报告。
5. 了解内部转移价格一般原则。
6. 理解和讨论不同情况下内部转移价格的制定方法。

二、学习重点

1. 责任会计的主要内容。责任会计主要包括以下几个方面：（1）设置责任中心、明确权责范围；（2）编制责任预算，确定考核标准；（3）建立跟踪系统，进行反馈控制；（4）分析评价业绩，建立奖惩制度。从加强企业内部控制的角度而言，这几个方面的内容旨在针对企业划分的不同形式的责任中心，建立起以各责任中心为主题，以责、权、利相统一为特征，以责任预算、责任考核为内容，通过信息的积累、加工和反馈而形成的企业内部控制系统，本章应重点理解该含义。

2. 责任中心及其业绩考核重点把握以下关键点：

（1）成本中心。成本中心是指一个只发生成本，只对成本支出（费用）进行考核的责任中心。属于某成本中心的各项可控成本之和被称为成本中心的责任成本，其分为预算责任成本和实际责任成本，其中前者是根据预算分解的各责任中心应承担的责任成本。在业绩考核中，应将其实际发生额与预算额进行比较、分析，揭示产生差异的原因，据此对责任中心的工作成果进行评价。通常成本中心的考核指标可以采用绝对指标和相对指标，即成本变动额和成本变动率。

（2）利润中心。如果一个能同时控制生产和销售，既对成本负责又对收入负责，但没有责任和权力决定该中心资产投资的水平，因而可以根据其利润的多少来评价该中心的业绩，那么该中心就是利润中心。利润中心分为自然利润中心和人为利润中心。对利润中心进行业绩评价的主要方法是将一定期间实际实现的利润与预算所确定的预计利润数进行比较，进而对差异形成的原因和责任进行具体剖析，通常以边际贡献作为业绩评价指标。应注意的是在对利润中心进行评价时，必须正确区分经理业绩与部门业绩。

（3）投资中心。投资中心是对成本、收入、利润和资本使用均负责的中心。评价投资中心的指标通常有投资报酬率（ROI）、剩余收益（RI）、经济增加值（EVA），其中应重点把握剩余收益与经济增加值。经济增加值具有剩余收益的优点，同时还克服其缺点，是综合性较强的指标，学习本章应对此重点掌握。

3. 转移定价。内部转移价格是指企业组织内部各个责任中心之间相互结算或相互转账所选用的一种内部计价尺度。合理的转移价格，应该达到以下三个标准：

（1）该价格是通过内部协商形成的，内部成员都认可并使用该价格进行内部交易；

（2）内部交易双方在该交易价格下受益；

（3）转移价格促进各责任中心与企业整体之间的目标一致性。

转移价格可以是由总部制定，分部认同后执行；也可以是总部牵头，分部之间自行协商。转移定价构成了集团内部的竞争性或非竞争性市场。

三、学习难点

本章难点在于企业内部各个责任中心的相互联系对责任会计的影响。由于各个责任中心之间经常需要提供中间产品或服务，为正确、客观地评价各个责任中心的经营业绩，明确经营责任，企业应为各个责任中心之间交换的产品或服务制定具有经济依据的内部转移价格。需要掌握的是最高转移价格与最低转移价格的计算方法，并熟知转移价格的主要制定方法，包括以市场价格为基础、以协议为基础、以成本为基础、双重价格等。

第二节　练习题

一、名词解释

1. 责任中心　　　　2. 利润中心　　　　3. 责任预算

4. 剩余收益　　　　5. 责任报告　　　　6. 可控制成本

7. 不可控制成本　　8. 经济增加值（EVA）　　9. 转移定价

10. 双重定价

二、判断题

1. 能否有效地防止各责任中心各行其是，是分权管理成功与否的关键，也是衡量责任会计制度可行与否的最重要的标准。　　　　　　　　　　　　　　（　　）

2. 成本的可控与否，与责任中心的权力层次无关。　　　　　　　　（　　）

3. 成本的可控性是确定责任成本的唯一依据。　　　　　　　　　　（　　）

4. 级别越高的成本中心，从事的经营活动越具体，其业绩报告涉及的成本项目分类就越详细。　　　　　　　　　　　　　　　　　　　　　　　　（　　）

5. 收入中心是指既能控制收入，又能控制成本、销售产品的责任中心。（　　）

6. 投资报酬率＝净资产周转率×销售利润率　　　　　　　　　　　（　　）

7. 剩余收益＝经营净利润－总资产×要求的最低报酬率　　　　　　（　　）

8. 投资中心不仅对成本、收入和利润负责，而且要对所占的全部资产（包括固定资产和运营资金）承担责任。　　　　　　　　　　　　　　　　　　（　　）

9. 在对投资中心进行业绩评价时，ROI 和 RI 两个指标不可同时使用。（　　）

10. 中间产品的转移价格，既是供应方的销售收入，又是接收方的购买成本。
　　　　　　　　　　　　　　　　　　　　　　　　　　　　　　（　　）

11. 使用成本作为内部价格之后，各责任中心的"内部利润"实质上是成本节约额而不再是完整意义上的内部利润。　　　　　　　　　　　　　　　　（　　）

12. 只要供应方的最低价格低于购买方的最高价格，就应该进行产品的内部转移。
　　　　　　　　　　　　　　　　　　　　　　　　　　　　　　（　　）

三、单项选择题

1. 根据现代企业组织结构模式，在（　　　）下，企业内部按不同的职能划分成若干部门，各部门独立性较小。

A. U 型结构　　　　　　　　　　　　　B. 矩阵结构

C. M 型结构　　　　　　　　　　　　　D. 线性结构

2. （　　　）是一种集权与分权相结合的组织形式，它将日常经营决策权下放到掌握相关信息的下属部门。

A. U 型结构　　　　　　　　　　　　　B. 矩阵结构

C. M 型结构　　　　　　　　　　　　　D. 线性结构

3. 对各责任中心所赋予的责任，应以其能够控制为前提，这体现了责任会计核算原则的（　　　）。

A. 反馈性原则　　　　　　　　　　　　B. 可控性原则

C. 例外管理原则　　　　　　　　　　　D. 公平性原则

4. （   ）要求责任中心抓住主要矛盾和突出问题，对其生产经营过程中发生的重点差异进行分析和控制。

A. 反馈性原则   B. 可控性原则

C. 例外管理原则   D. 公平性原则

5. 只对其成本或费用承担责任的责任中心为（   ）。

A. 利润中心   B. 成本中心   C. 收入中心   D. 投资中心

6. 属于某成本中心的各项可控成本之和，被称为成本中心的（   ）。

A. 成本变动额   B. 可计量成本

C. 预算成本   D. 责任成本

7. 要对投资、成本、收入和利润负责的中心为（   ）。

A. 利润中心   B. 成本中心   C. 收入中心   D. 投资中心

8. 处于企业最高层次的责任中心一般为（   ）。

A. 利润中心   B. 成本中心   C. 收入中心   D. 投资中心

9. （   ）是指投资中心的息税前利润减去按企业要求的最低报酬率（或资金成本）计算的经营资产收益后的余额。

A. 投资报酬率   B. 剩余收益

C. 经济增加值   D. 资产收益率

10. 对于购买方而言，最高转移价格的计算公式为（   ）。

A. 最高转移价格 = 最终产品的市场售价 + 后续工序加工过程中发生的费用

B. 最高转移价格 = 截止到转让时点承担的单位增量或实际成本 + 供应方单位机会成本

C. 最高转移价格 = 最终产品的市场售价 − 后续工序加工过程中发生的费用

D. 最高转移价格 = 截止到转让时点承担的单位增量或实际成本 − 供应方单位机会成本

11. （   ）是指提供中间产品的部门发生的实际成本，包括中间产品的变动成本以及转移过程中发生的成本。

A. 单位实际成本

B. 供应方机会成本

C. 市场基础转移价格

D. 截止到转让时点承担的单位增量或实际成本

12. 以下关于内部转移价格的说法中，错误的是（   ）。

A. 中间产品的转移价格，既是提供方的销售收入，又是接收方的购买成本

B. 转移定价 = 单位实际成本 + 单位机会成本

C. 最高转移价格是供应方无论是将中间产品对内还是对外销售，其利益都不会受到损失的价格

D. 以成本为基础形成转移价格是制定转移价格最简单的方法

四、多项选择题

1. 责任中心根据权责范围以及业务活动特点的不同，可划分为（　　　）。

A. 成本中心　　　　　　　B. 利润中心　　　　　　　C. 收入中心　　　　　　　D. 资产中心

E. 投资中心

2. 下列可作为投资中心的业绩考核指标的有（　　　）。

A. 投资报酬率　　　　　　　　　　　　B. 利息保障倍数

C. 经济增加值　　　　　　　　　　　　D. 剩余收益

E. 应收账款周转率

3. 投资报酬率被广泛用于评价投资中心的业绩，其优点有（　　　）。

A. 可以正确引导投资中心的经营管理行为，使其行为长期化

B. 具有横向可比性

C. 能反映投资中心的综合盈利能力

D. 考虑了权益资本成本，避免高估分部利润

E. 弥补了剩余收益指标导致投资中心的局部目标与企业整体目标相背离的缺陷

4. 下列关于投资中心的说法，正确的有（　　　）。

A. 投资中心不仅要对成本、收入和利润负责，还要对投资效果负责

B. 投资中心在企业中的地位仅次于利润中心

C. 投资中心的业绩考核指标包括投资报酬率、经济增加值和边际贡献

D. 剩余收益指标不可取代投资报酬率指标

E. 对投资中心进行业绩评价考核时，ROI 和 RI 指标应配合应用

5. 下列关于经济增加值的说法中，正确的有（　　　）。

A. 经济增加值仍未克服剩余收益指标由于会计信息失真带来的影响

B. 经济增加值由于考虑了权益资本成本，可以避免高估分部利润

C. 由于经济增加值是一个绝对值，因此可以避免采用相对值指标带来的决策次优化问题

D. 由于规模差异而产生的不同企业部门经济增加值差异，使得该指标无法在不同部门之间进行比较

E. 经济增加值的核心理念是资本效率

6. 下列各项中，能够揭示责任中心特点的项目有（　　　）。

A. 责权利相结合

B. 责任与权力都是可控的

C. 具有承担经济责任的条件

D. 能进行责任核算、业绩考核与评价

E. 有相对独立的经营业务和财务收支活动

五、简答题

1. 简述责任会计的主要内容。

2. 简要概述内部转移价格的一般原则。

3. 企业组织结构模式的类型有哪几种？各自的优缺点是什么？

六、计算与核算题

1. 某企业 A 分厂为成本中心，其可控成本及厂部的可控费用如表 11 – 1 所示。

表 11 – 1 　　　　　　　　可控成本及厂部的可控费用 　　　　　　　　单位：元

成本项目	A 分厂		厂部	
	预算	实际	预算	实际
直接材料	550 000	520 000		
直接人工	60 000	65 000		
制造费用	40 000	46 000		
厂部可控费用：				
管理人员薪金			9 000	17 000
折旧费用			6 000	6 000
其他费用			7 000	9 000

要求：根据上述资料，编制 A 分厂的成本业绩报告。

2. 某企业的第二车间是一个人为的利润中心。本期实现内部销售收入为 500 000 元，变动成本为 300 000 元，该中心负责人可控固定成本为 40 000 元，中心负责人不可控，但应由该中心负担的固定成本为 60 000 元。

要求：计算该利润中心的实际考核指标。

3. 某公司的一个投资中心 2021 年的有关资料如表 11 – 2 所示。

表 11 – 2 　　　　　　　　某投资中心的相关资料 　　　　　　　　单位：千元

项目	金额
销售收入	6 000
经营利润	720
经营资产（2021 年 1 月 1 日）	2 800
经营资产（2021 年 12 月 31 日）	3 200

要求：根据上述资料，回答下列问题。

（1）该投资中心 2021 年投资报酬率是多少？

（2）若该投资中心 2022 年的销售收入增加 15%，其他因素不变，已知 2021 年变动成本率为 40%，该投资中心 2022 年投资报酬率是多少？说明怎样提高投资报酬率？

（3）若该投资中心 2022 年将节约固定成本 300 千元，其他因素不变，该投资中心 2022 年投资报酬率是多少？说明怎样提高投资报酬率？

（4）若该投资中心 2022 年 12 月 31 日的经营资产为 1 800 千元，其他因素不变。该投资中心 2022 年投资报酬率是多少？说明怎样提高投资报酬率？

4. 已知：某公司投资中心 A 原投资报酬率为 18%，营业资产为 500 000 元，营业利润为 100 000 元。现有一项业务，需要借入资金 200 000 元，可获得利润 68 000 元。

要求：

（1）若以投资报酬率作为评价和考核投资中心 A 工作成果的依据，作出 A 投资中心是否愿意投资这项业务的决策。

（2）若以剩余收益作为评价和考核投资中心 A 工作成果的依据，新项目要求的最低收益率为 5%，作出 A 投资中心是否愿意投资这个新项目的决策。

5. 设某企业有 A、B 两个投资中心，有关资料如表 11-3 所示。

表 11-3　　　　　　　　　　A、B 投资中心的相关资料　　　　　　　　　　单位：元

项目	A		B	
	2021 年	2022 年	2021 年	2022 年
经营利润	6 000 000	7 200 000	100 000	125 000
经营资产平均占用额	40 000 000	40 000 000	500 000	500 000

假设要求的最低报酬率为 14%。

要求：

（1）分别采用投资报酬率和剩余收益两个指标评价 A、B 两个投资中心的业绩。

（2）假设投资中心 B 2021 年有一新项目，其经营资产为 300 000 元，可取得经营利润 48 000 元，分别使用投资报酬率和剩余收益两个指标评价该项目，确定能否得出相反的结论。如果得出相反结论，分析为何出现这种情况。

（3）假设某企业有投资中心 C，2022 年其经营利润为 280 000 元，经营资产平均占用额为 1 500 000 元，采用剩余收益指标评价投资中心 B、C 的业绩；然后同时考虑经营资产因素，给出你的结果。

（4）通过以上两个问题，阐述你的认识。

6. 某公司下面的几个分部作为投资中心。其中甲分部专门生产为电脑配套用的打印机，它的产品既销售给本公司的电脑分部，也出售给外部电子公司。计划年度甲分部准备生产 12 000 台打印机，其中 4 800 台销售给外部电子公司，销售单价为 690 元；其余 7 200 台转给本公司电脑分部，作为电脑的配套产品出售。该公司产销打印机发生的单位成本数据如表 11-4 所示（按产销 12 000 台为基础预计）。

表 11 – 4　　　　　　　　　　产销打印机发生的单位成本数据　　　　　　　　　单位：元

项目	金额
变动制造费用	120
固定制造费用	60
变动销售费用	66
固定销售费用	30
单位成本	276

目前，该公司财务部提出下列三个标准作为制定内部结算价格的基础：变动成本；全部成本加成 50%；市场价格（即 690 元）。

要求：分别计算三种标准下甲分部的内部销售利润，并确定其全部销售利润。

7. 资料：假设存在售出部门与购入部门：两个利润中心，售出部门生产并销售一种中间产品（电动机）给购入部门，购入部门利用购入的中间产品来制造玩具汽车。上述部门都是利润中心，都追求部门的利润最大化。表 11 – 5 列出了两个部门有关成本结构的主要指标。

表 11 – 5　　　　　　　　　　两个部门有关成本结构的主要指标

项目	售出部门	购入部门
固定成本	150 元/天	100 元（每天生产的前 100 件产品）
变动成本	0.10 元/件	0.20 元/件（产量超过 100 件时）

对于购入部门的最终产品（玩具汽车）的产量与销售价格的关系如表 11 – 6 所示。

表 11 – 6　　　　　　　　　　玩具汽车的产量与销售价格关系

售出的数量（件）	单位价格（元）	总收入（元）
100	2.00	200
200	1.80	360
300	1.50	450
400	1.30	520
500	1.20	600
600	1.04	624

假设内部结算价格为每件 0.95 元。

要求：计算在各种产量水平下售出部门和购入部门的利润以及公司整体的利润，并进行总结。

8. 已知：A 公司 2004 年的销售收入为 40 000 元，营业资产为 16 000 元；B 公司

2004 年的销售收入为 100 000 元，营业资产为 20 000 元。如果两家公司均希望其 2004 年的投资报酬率达到 15% 。

要求：分别计算 A、B 公司在 2004 年的销售利润率。

9. 已知：G 企业 A、B 两个投资中心业绩报告的部分资料如表 11 - 7 所示。

表 11 - 7	A、B 投资中心业绩报告相关资料	金额单位：元
项目	A 投资中心	B 投资中心
销售收入		600 000
经营利润		60 000
经营资产	288 000	
销售利润率	12%	
资产周转率	4 次	
投资报酬率		30%
剩余收益		
要求最低收益率为 15%		

要求：编制 A、B 两个投资中心的投资业绩报告。

第三节　习题参考答案

一、名词解释

1. 责任中心，是指承担一定经济责任，并拥有相应管理权限和享受相应利益的企业内部责任单位的统称。

2. 利润中心，是指对利润负责的责任中心，可分为自然利润中心和人为利润中心。

3. 责任预算，是以责任中心为主体，以其可控的成本、收入、利润和投资等为对象所编制的预算。

4. 剩余收益，是指投资中心获得的息税前利润，扣减其投资额（或净资产占用额）按规定（或预期）的最低收益率计算的投资收益后的余额。

5. 责任报告，也称业绩报告、绩效报告。它是根据责任会计记录编制的反映责任预算实际执行情况，揭示责任预算与实际执行差异的内部会计报告。

6. 可控制成本，是指在特定时期内、特定责任中心能够直接控制其发生的成本。

7. 不可控制成本，是可控成本的对立，指责任中心主管人员不能直接控制和调节的，不受该中心生产经营活动和日常管理工作影响的成本。

8. 经济增加值（EVA），是指从税后净营业利润中扣除包括股权和债务的全部投入资本成本后的所得。其核心是资本投入是有成本的，企业的盈利只有高于其资本成本（包括股权成本和债务成本）时才会为股东创造价值。

9. 转移定价，是指企业内部各责任中心之间转移中间产品或相互提供劳务而发生内部结算和进行内部责任结转所使用的计价标准。

10. 双重定价，是指买卖双方分别采用不同的转移价格作为结算价格，以有利于考核各责任中心的业绩。

二、判断题

1. √ 2. × 3. √ 4. × 5. × 6. × 7. × 8. √ 9. × 10. √ 11. √
12. √

三、单项选择题

1. A 2. C 3. B 4. C 5. B 6. D 7. D 8. D 9. B 10. C 11. A 12. C

四、多项选择题

1. ABCE 2. ACD 3. ABC 4. ADE 5. BCDE 6. ABCDE

五、简答题

1. 简述责任会计的主要内容。

答：责任会计的内容主要包括以下几方面：

①设置责任中心、明确权责范围。应根据企业组织结构的特点，按照"分工明确、权责分明、业绩易辨"的原则，合理灵活地划分责任中心，并根据各责任中心经营活动的特点，明确规定这些中心负责人的权责范围及量化的价值指标，授予他们相应的经营管理决策权。

②编制责任预算，确定考核标准。企业的全面预算是按照生产经营过程来落实企业的总体目标和任务，责任预算则是按照责任中心来落实企业的总体目标和任务，即将企业的总体目标层层分解，具体落实到每一个责任中心，作为其开展经营活动、评价工作结果的基本标准和主要依据。

③建立跟踪系统，进行反馈控制。在预算的实施过程中，每个责任中心应建立一套责任预算执行情况的跟踪系统，定期编制业绩报告，将实际数与预算数进行对比，分析原因，控制和协调经营活动，保证目标的实现。

④分析评价业绩，建立奖惩制度。通过定期编制业绩报告，对各个责任中心的工作成果进行全面分析和评价，并按照实际工作结果的好坏进行奖惩，做到功过分明奖罚有据。

2. 简要概述内部转移价格的一般原则。

答：合理的转移价格应该达到以下三个标准：

①对经营业绩的评价提供公平、合理的基准；

②激励基层经理更好地经营；

③促进各责任中心与企业整体之间的目标一致性。

3. 企业组织结构模式的类型有哪几种？各自的优缺点是什么？

答：企业的组织结构模式有直线职能型、事业部制、矩阵结构等。对于直线职能式，其优点有：能够通过集中单一部门内所有某一类型的活动来实现规模经济。可以实现对资源最充分的利用；组织结构可以通过将关键活动指定为职能部门而与战略相关联，从而提升职能技能，各部门和各类人员实行专业分工，有利于管理人员注重并熟练掌握本职工作的技能；由于任务为常规和重复性任务，因而工作效率得到提高；便于董事会监控各个部门，管理权力高度集中，便于最高领导层对整个企业实施严格的控制。其缺点是：横向协调性差，高度专业化分工使各职能部门的眼界比较狭窄，容易产生本位主义，造成摩擦和内耗，使得职能部门之间的协调比较困难；难以确定各项产品产生的盈亏；狭隘的职能观念，按职能划分部门，会导致职能部门之间发生冲突，各自为政，只注重整体工作中的某个部分的小集体利益，而不是将企业的任务看作一个整体；决策迟缓，等级层次以及集权化的决策制定机制会放慢反应速度。

对于事业部制组织结构（M 型结构），其优点有：便于企业的持续成长；首席执行官所在总部员工的工作量会有所减轻；职权被分派到总部下面的每个事业部；能够对事业部的绩效进行财务评估和比较。其缺点有：为事业部分配企业的管理成本比较困难并略带主观性；经常会在事业部之间滋生职能失调性的竞争和摩擦；当一个事业部生产另一个事业部所需要的部件或产品时，确定转移价格也会产生冲突。

对于矩阵型结构，其优点有：有利于加强各职能部门之间的协作配合；有利于顺利完成规划项目，提高企业的适应性；有利于减轻高层管理人员的负担；有利于职能部门与产品部门相互制约，保证企业整体目标的实现。其缺点有：组织的稳定性较差；双重领导的存在，容易产生责任不清、多头指挥的混乱现象；机构相对臃肿，用人较多。

六、计算与核算题

1. 解：

依题意，编制的 A 分厂的业绩报告如表 11 - 8 所示。

表 11 – 8   **A 分厂的业绩报告**   单位：元

项　目	预　算	实　际	差　异
A 分厂可控成本：			
直接材料	550 000	520 000	30 000（F）
直接人工	60 000	65 000	5 000（U）
制造费用	40 000	46 000	6 000（U）
A 分厂可控成本合计	650 000	631 000	19 000（F）
厂部可控费用：			
管理人员薪金	9 000	17 000	8 000（U）
折旧费用	6 000	6 000	
其他费用	7 000	9 000	2 000（U）
厂部可控费用合计	22 000	32 000	10 000（U）
A 分厂责任成本合计	672 000	663 000	9 000（F）

2. 解：

利润中心边际贡献 = 500 000 – 300 000 = 200 000（元）

利润中心负责人可控利润 = 500 000 – 300 000 – 40 000 = 160 000（元）

利润中心可控利润 = 500 000 – 300 000 – 40 000 – 60 000 = 100 000（元）

3. 解：

（1）投酬率 $= \dfrac{6\,000}{(2\,800 + 3\,200)/2} \times \dfrac{720}{6\,000} = 2 \times 12\% = 24\%$

（2）投酬率 $= \dfrac{6\,000 \times (1 + 15\%)}{(2\,800 + 3\,200)/2} \times \dfrac{720 + 6\,000 \times 15\% \times (1 - 40\%)}{6\,000 \times 15\% \times (1 - 40\%)} = 2.3 \times 18.26\% = 42\%$

上述计算表明，销售收入增加 15%，使投资中心的销售利润率由原来的 12% 提高到 18.26%；同时也使经营周转率由原来的 2 次提高到 2.3 次，从而使投资报酬率由原来 24% 提高到 42%。由此可见，增加销售有助于提高投资报酬率。

（3）投酬率 $= \dfrac{6\,000}{(2\,800 + 3\,200)/2} \times \dfrac{720 + 300}{6\,000} = 2.3 \times 17\% = 34\%$

上述计算表明，由于固定成本节约 300 千元，使投资中心的销售利润率由原来的 12% 提高到 17%；从而使投资报酬率由原来的 24% 提高到 34%。由此可见，降低成本有助于提高销售利润率。

（4）投酬率 $= \dfrac{6\,000}{(2\,800 + 1\,800)/2} \times \dfrac{720}{6\,000} = 2.4 \times 12\% = 28.8\%$

上述计算表明，由于经营资产减少将使资产周转率速度加快，从而使投资中心的销售利润率由原来的 24% 提高到 28.8%。由此可见，过量的经营资产，是影响其周转率的重要因素，进而影响企业的投资报酬率，因而必须在合理的范围内削减其经营资产。

4. 解：

（1）增加一项新业务后：

投资报酬率 $= (100\ 000 + 68\ 000) \div (500\ 000 + 200\ 000) \times 100\% = 24\%$

从以上计算可知，通过投入新项目，可以使投资中心 A 的投资报酬率由原来的 18% 提高到 24%。所以，投资中心 A 愿意投资该项新业务。

（2）依题意：

投资新业务前的剩余收益 $= 100\ 000 - 500\ 000 \times 15\% = 25\ 000$（元）

投资新业务后的剩余收益 $= (100\ 000 + 68\ 000) - (500\ 000 + 200\ 000) \times 12\% = 63\ 000$（元）

从上计算可见，通过投入新项目，可以使投资中心 A 的剩余收益由原来的 25 000 元提高到 63 000 元。所以，投资中心 A 愿意投资该项新业务。

5. 解：

（1）A、B 两个投资中心的投资报酬率和剩余收益如表 11 - 9 所示。

表 11 - 9　　　　　　　　A、B 投资中心的投资报酬率和剩余收益

项目	A		B	
	2021 年	2022 年	2021 年	2022 年
投资报酬率（%）	15	18	20	25
剩余收益（元）	400 000	1 600 000	30 000	55 000

如果采用投资报酬率作为评价、考核投资中心的业绩指标，则可得出如下结论：由于 2021 年投资中心 B 的投资报酬率为 20%，而投资中心 A 的投产利润率为 15%，因此，投资中心 B 对企业更有价值；由于投资中心 B 经理使其投资报酬率由 20% 提高到 25%，而投资中心 A 的经理人员仅使其投资报酬率由 15% 提高到 18%，因而，对投资中心 B 的经理人员应给予更多的奖励。

如果采用剩余收益作为评价、考核投资中心的业绩指标，则可得出如下结论：投资中心 B 的剩余收益 2022 年仅比 2021 年增加 25 000 元，而投资中心 A 的剩余收益 2022 年比 2021 年增加了 1 200 000 元，远远超过投资中心 B 的水平，应对投资中心 A 的经理人员应给予更多的奖励。

（2）如果采用这一新项目，则 2022 年投资报酬率为 $= \dfrac{100\ 000 + 48\ 000}{500\ 000 + 300\ 000} = 18.5\%$

如果采用投资报酬率作为考核指标，则投资中心 B 不接受这一新项目。

如果采用这一新项目，则 2022 年剩余收益为：

$(100\ 000 + 48\ 000) - (500\ 000 + 300\ 000) \times 14\% = 36\ 000$（元）

剩余收益比没有采用新投资项目多 6 000 元，则投资中心 B 应接受这一新项目。

之所以出现这种相反的结论，是因为：

该项目的投资报酬率为 $= \dfrac{48\,000}{300\,000} = 16\%$

该项目投资报酬率高于为经营资产要求的最低报酬率14%，用剩余收益考核，则投资中心 B 乐于接受这一表的投资项目。因为它可以使其剩余收益得到进一步提高，对企业整体也有利。

（3）分析如表 11 – 10 所示。

表 11 – 10　　　　　　　　使用剩余收益指标评价投资中心 B、C 的业绩　　　　单位：元

项目	B	C	C – B
经营利润	125 000	280 000	155 000
经营资产平均占用额	500 000	1 500 000	1 000 000
剩余收益	55 000	70 000	15 000

由表 11 – 10 可以看出，若以剩余收益本身进行业绩评价，则投资中心 C 业绩好于投资中心 B。但若同时考虑经营资产这一因素，则投资中心 C 比投资中心 B 多投资 1 000 000 元，但剩余收益比投资中心 B 仅多 15 000 元。

（4）在对投资中心进行业绩评价考核时，ROI 和 RI 这两个指标不可偏废，应相互配合应用才行。

6. 解：

以计划变动成本作为内部结算价格：

单位变动成本 = 120 + 66 = 186（元）

销售收入：

对内 = 186 × 7 200 = 1 339 200（元）

对外 = 690 × 4 800 = 3 312 000（元）

销售收入合计 = 1 339 200 + 3 312 000 = 4 651 200（元）

销售成本 = 276 × 12 000 = 3 312 000（元）

销售利润 = 4 651 200 – 3 312 000 = 1 339 200（元）

以全部成本加成50%作为内部结算价格：

全部成本加成50% = 276 ×（1 + 50%）= 414（元）

销售收入：

对内 = 414 × 7 200 = 2 980 800（元）

对外 = 690 × 4 800 = 3 312 000（元）

销售收入合计 = 2 980 800 + 3 312 000 = 6 292 800（元）

销售成本 = 276 × 12 000 = 3 312 000（元）

销售利润 = 6 292 800 – 3 312 000 = 2 980 800（元）

以市场价格作为内部结算价格：

市场价格 = 690（元）

销售收入：

对内 $= 690 \times 7\,200 = 4\,968\,000$（元）

对外 $= 690 \times 4\,800 = 3\,312\,000$（元）

销售收入合计 $= 4\,968\,000 + 3\,312\,000 = 8\,280\,000$（元）

销售成本 $= 276 \times 12\,000 = 3\,312\,000$（元）

销售利润 $= 8\,280\,000 - 3\,312\,000 = 4\,968\,000$（元）

7. 解：

购入部门利润计算表如表 11 - 11 所示。

表 11 - 11　　　　　　　　　　购入部门利润计算表　　　　　　　　　　单位：元

产量	购入部门的成本	售出部门转入的成本	总成本	总收入	利润
100	100	95（95 × 100）	195	200	5
200	120（100 + 0.2 × 100）	190（95 × 200）	310	360	50
300	140（100 + 0.2 × 200）	285（95 × 300）	425	450	25
400	160（100 + 0.2 × 300）	380（95 × 400）	540	520	− 20
500	180（100 + 0.2 × 400）	475（95 × 500）	655	600	− 55
600	200（100 + 0.2 × 500）	570（95 × 600）	770	624	− 146

售出部门利润计算表如表 11 - 12 所示。

表 11 - 12　　　　　　　　　　售出部门利润计算表　　　　　　　　　　单位：元

产量	收入	成本	利润
100	95（95 × 100）	160（150 + 0.1 × 100）	− 65
200	190（95 × 200）	170（150 + 0.1 × 200）	20
300	285（95 × 300）	180（150 + 0.1 × 300）	105
400	380（95 × 400）	190（150 + 0.1 × 400）	190
500	475（95 × 500）	200（150 + 0.1 × 500）	275
600	570（95 × 600）	210（150 + 0.1 × 600）	360

公司利润计算表如表 11 - 13 所示。

表 11 - 13　　　　　　　　　　公司利润计算表　　　　　　　　　　单位：元

产量	售出部成本	购入部门成本	总成本	总收入	公司利润
100	160	100	260	200	− 60
200	170	120	290	360	70
300	180	140	320	450	130
400	190	160	350	520	170
500	200	180	380	600	220
600	210	200	410	624	214

产量在 200 件时，购入部门的利润为 50 元，部门利润最大化，而售出部门利润 20 元，看起来两个部门的运营状况都良好，两个部门都有盈利，公司整体利润 70 元。而产量在 600 件时，售出部门的部门利润最大，达到 360 元，但购入部门亏损 146 元，购入部门对于 600 件的产量会有意见，这时公司的整体利润为 214 元，比产量 200 件时要大。在产量为 500 件时，公司的利润达到最大化，利润总额为 220 元，这说明各分部的利润最大化不一定能使公司整体利润最大化，而公司利润最大化也不表示各部门的利润最大化。

8. 解：

$$销售利润率 = 投资报酬率 \times \frac{营业资产}{销售收入}$$

A 公司的销售利润率 = 15% × 16 000/40 000 = 6%

B 公司的销售利润率 = 15% × 20 000/100 000 = 3%

9. 解：A、B 两个投资中心的投资业绩报告如表 11 - 14 所示。

表 11 - 14　　　　　A、B 两个投资中心的投资业绩报告　　　　　金额单位：元

项目	A 投资中心	B 投资中心
销售收入	1 152 000	600 000
经营利润	138 240	60 000
经营资产	288 000	200 000
销售利润率	12%	10%
资产周转率	4 次	3 次
投资报酬率	48%	30%
剩余收益	95 040	30 000

第四节　教材习题参考答案

一、思考题

1. 企业组织结构模式的类型有哪几种？各自的优缺点是什么？

答：企业组织结构模式主要为三大类型：功能型结构、分部制结构（衍生了 M 型结构、H 型结构等）和矩阵制结构。

（1）功能型结构是集权模式的代表。总经理总管各个职能部门事务。各职能部门大多没有决策权，只有执行权，为执行单位。决策权集中在组织顶层。

（2）分部制结构的典型特点是分权，将组织顶层的决策权（主要表现为预算权）分到各个分部（分公司或子公司）。这样能够更有效地管理一个规模较大的企业。但是，总部容易失去对分部的控制权，分部之间、分部和总部之间可能会有利益冲突。

（3）矩阵制是功能型和分部制的结合形式。矩阵制的意义就在功能型的组织中构建不同的团队，接受两端领导（团队领导和部门领导）。矩阵制是一种创新形式，适用于小型项目较多、工作内容发散型的组织，比如设计、医疗机构、教育等。

2. 什么是责任会计？为什么要建立责任会计制度？

答：如果相关主体获得了独立分配或使用资源的权利（自治权），那么相关主体必须对某一时期使用资源所产生的收益做出承诺。这里的"承诺"就定义为责任。预算前根据相关主体所承担的资源处置权进行资产、负债、权益、收入、费用等会计要素的划分。期后对这一段时期发生的所有可控净资产、可控收入和可控费用进行总体核算，进一步确定相关主体履行承诺的程度。责任会计既是会计资料同责任中心紧密联系起来的信息系统，也是强化企业内部管理所实施的一种内部控制制度。责任会计往往是一个分权型组织必需的财务核算和业绩测度制度。

3. 简述责任会计的核算原则。这些原则对于指导责任会计工作有何作用？

答：一致性原则、可控性原则、公平性原则、反馈性原则、例外管理原则。这些原则提示责任会计的核算必须是与战略目标导向、责任职权相关，组织架构清晰一致为基础，突出降低和化解主要矛盾为具体方向的专业性工作。

4. 责任中心有哪几种类型？应当采用何种指标对各责任中心进行评价与考核？

答：

（1）成本中心。主要绩效测度指标为单位生产成本、成本差异等。

（2）收入中心。主要绩效测度指标为总收入、收入增长率等。

（3）利润中心。主要绩效测度指标为营业利润率、毛利率等。

（4）投资中心。主要绩效测度指标为 ROI、剩余收益、经济增加值（EVA）等。

5. 请简述内部转移价格一般原则。

答：

（1）该价格是通过内部协商形成的，内部成员都认可并使用该价格进行内部交易；

（2）内部交易双方在该交易价格下受益；

（3）转移价格促进各责任中心与企业整体之间的"目标一致性"。

二、本章练习题

1. 解：

A 分厂的成本业绩报告如表 11 - 15 所示。

表 11 – 5　　　　　　　　　　　A 分厂的成本业绩报告　　　　　　　　　单位：元

成本项目	A 分厂		
	预算	实际	差异额
直接材料	550 000	520 000	– 30 000
直接人工	60 000	65 000	5 000
制造费用	40 000	46 000	6 000

2. 解：该利润中心应用可控制经营利润或可控制经营利润率来评价其业绩。

可控制利润 = 500 000 – 300 000 – 40 000 = 160 000（元）

可控制利润率 = 160 000/500 000 × 100% = 32%

具体的业绩评价应参考本利润中心最近几期的利润/利润率变化以及和其他车间相比的利润率高低水平。

3. 解：

（1）2021 年投资利润率 = 720/2 800 × 100% = 25.71%

（2）2021 年固定成本 = 6 000 × (1 – 40%) – 720 = 2 880（千元）

2022 年经营利润 = 6 000 × 1.15 × 0.6 – 2 880 = 1 260（千元）

2022 年投资利润率 = 1 260/3 200 × 100% = 39.38%

销售收入增长提高投资利润率。

（3）2022 年经营利润 = 1 260 + 300 = 1 560（千元）

2022 年投资利润率 = 1 560/3 200 × 100% = 48.75%

（4）2022 的投资回报率取决于期初经营资产，而非期末。如果其中有新增并投入的经营资产，则应纳入计算。

4. 解：

（1）该业务的边际回报为：68 000/200 000 × 100% = 34%，高于原投资回报率 18%。A 投资中心愿意投资这项新业务的决策。

（2）剩余收益 = 68 000 – 200 000 × 15% = 38 000（元）。A 投资中心愿意投资这项新业务的决策。

5. 解：

（1）A 部门 2021 年投资回报率 = 6 000 000/40 000 000 × 100% = 15%

A 部门 2022 年投资回报率 = 7 200 000/40 000 000 × 100% = 18%

B 部门 2021 年投资回报率 = 100 000/500 000 × 100% = 20%

B 部门 2022 年投资回报率 = 125 000/500 000 × 100% = 25%

根据投资回报率数据，A、B 两部门 2022 年投资绩效均高于 2021 年；B 部门在 2021 年和 2022 年投资效率高于 B 部门。

A 部门 2021 年剩余收益 = 6 000 000 – 40 000 000 × 14% = 400 000（元）

A 部门 2022 年剩余收益 = 7 200 000 – 40 000 000 × 14% = 1 600 000（元）

B 部门 2021 年剩余收益 = 100 000 − 500 000 × 14% = 30 000（元）

B 部门 2022 年剩余收益 = 125 000 − 500 000 × 14% = 55 000（元）

根据剩余收益数据，A、B 两部门 2022 年投资绩效均高于 2021 年。A、B 两部门无法直接比较。

（2）该项目的边际投资回报率 = 48 000/300 000 × 100% = 16%。B 部门 2021 年投资回报率为 20%。因此，B 部门倾向于拒绝该项目。然而，该项目的剩余收益为：48 000 − 300 000 × 14% = 6 000（元）。按照剩余收益的决策法则，B 公司应该接受这个项目。B 公司为绩优公司，如果用 B 公司本身的投资回报率来评估新增项目的绩效，则标准太高。

（3）如果采用剩余收益的方法，B、C 两个公司无法直接比较。因为它们的经营资产不同。剩余收益是绝对数，只能比较在相同规模经营资产情况下的盈利能力。

6．解：如果电脑分部所有的打印机都以市场价格向外出售，则集团的利润不变，都为 4 968 000（元）。这个利润下，根据转移定价，甲部门和电脑部门分配这个利润。

打印机单位变动成本 = 120 + 66 = 186（元）

甲分部利润 = 4 800 × (690 − 276) + (12 000 − 4 800) × (186 − 276) = 1 339 200（元）

电脑部门利润 = 4 968 000 − 1 339 200 = 3 628 800（元）

打印机全部成本加成 50% = 276 × 1.5 = 414（元）

甲分部利润 = 4 800 × (690 − 276) + (1 2 000 − 4 800) × (414 − 276) = 2 980 800（元）

电脑部门利润 = 4 968 000 − 2 980 800 = 1 987 200（元）

市场价格 = 690（元）

甲分部利润 = 12 000 × (690 − 276) = 4 968 000（元）

电脑部门利润 = 4 968 000 − 4 968 000 = 0（元）

7．解：各种产量水平下售出部门和购入部门的利润以及公司整体的利润如表 11 − 16 所示。

表 11 − 16　　　　　　　　　　　　　　　　　　　　　　　　　　　单位：元

销量	收入	购入部门利润	售出部门利润	公司利润
100	200	− 65	5	− 60
200	360	20	50	70
300	450	105	25	130
400	520	190	− 20	170
500	600	275	− 55	220
600	524	360	− 246	114

当公司利润最大时（220），购入部门盈利、售出部门亏损。此时内部双方无法交易。只有在产销量为 200 和 300 时，双方才可能交易，但此时公司利润较低。

第十二章　战略管理会计

第一节　学习指导

一、学习目标

1. 了解竞争战略制定的过程。
2. 了解竞争环境中的五种力量。
3. 了解价值链和一般战略。
4. 了解战略如何驱动业务。
5. 理解如何在业务创造价值中跟踪和测度绩效。
6. 理解财务测度和非财务测度。
7. 了解价值如何反馈价值链，进而反馈战略选择。

二、学习重点

理解企业战略如何细分为具体的目标和任务。

理解管理会计在执行战略过程中是如何测度和控制绩效的。

理解平衡计分卡在绩效测度和绩效改进中的核心作用：如何将战略目标分解为具体的平衡计分卡的各维度目标？如何将平衡计分卡各维度目标细化为关键成功因素？

理解业务创造价值的含义和过程。

理解价值反馈战略的含义和过程

三、学习难点

对平衡计分卡深层次含义和分别在战略规划和绩效测度中的作用的理解。

第二节　练习题

一、名词解释

1. 价值链　　　　　2. 竞争环境　　　　　3. 一般战略
4. 平衡计分卡　　　5. 关键成功因素　　　6. 财务测度
7. 非财务测度　　　8. 业绩金字塔

二、判断题

1. 战略描述的是一个组织如何在区别于竞争对手的同时为其客户创造价值。
（　　）

2. 新进入者的威胁主要受到既有行业规模经济和范围经济程度的影响。较高水平的产量能够促使公司引进资本密集型技术和大规模生产方法，有助于推动成本降低。
（　　）

3. 资本密集型行业的突出特点就是固定成本相对较低。（　　）
4. 增长缓慢的行业较之增长迅猛的行业，其竞争会更加平缓。（　　）
5. 在繁荣的商品经济中，具有竞争力的替代品也可能很多。如果竞争商品互相替代程度很大，表示有大量厂商进入市场，市场竞争程度很大，卖方有很大的定价能力。
（　　）

6. 价值链可分成四个主要组成部分，即研发、生产、市场营销和分销。（　　）
7. 在价值链之间存在重要关联时，职能组织结构可能更加适合。（　　）
8. 如果公司在买方非常重视的方面有着独特的优势，成本领导将是一种可行的战略。
（　　）

9. 财务维度绩效评价一般适用于短期的业绩诊断。（　　）
10. 财务指标往往是先行指标，非财务指标往往是滞后指标。（　　）

三、单项选择题

1. 不属于影响现有竞争者间激烈程度的因素是（　　）。
A. 高固定成本　　　　　　　　　B. 行业需求低增长
C. 较低的差别化和转换成本　　　D. 消费者偏好变化

2. 迈克尔·波特的五种竞争力量模型提供了一种制定战略的途径。（   ）不属于五种竞争力量之一。

   A. 新进入者的威胁   B. 政府管制

   C. 买方讨价还价能力   D. 来自替代品的压力

3. 关于价值链，说法错误的是（   ）。

   A. 价值链是企业创造价值的路径

   B. 价值链是探求竞争优势时的基本要素

   C. 使用价值链可以研究价值链本身的内部关联，以检查配置价值链的方法，以及价值链是如何对竞争优势起（或无）促进作用的

   D. 价值链中创造价值的途径是为企业创造利润

4. （   ）不属于一般竞争模型中的三种战略选择之一。

   A. 可持续性发展战略   B. 成本领导力

   C. 差异化战略   D. 产品聚焦化战略

5. 影响成本领先战略的因素不包括（   ）。

   A. 规模经济   B. 外部经济

   C. 关联   D. 学习和经验曲线收益

6. 雅马哈大钢琴已经开始冲击注重质量同时对价格也比较敏感的市场，即价格弹性相对较高的市场，例如教育机构和专科院校。但斯坦威仍然在对价格不甚敏感（即价格弹性相对较低）的音乐会市场占据着统治地位。下列说法中正确的是（   ）。

   A. 对价格敏感的产品应实施产品的成本领先战略

   B. 价格弹性较低产品应实施产品的成本领先战略

   C. 对质量敏感的产品应该实施聚焦化战略

   D. 对价格不敏感的产品应该实现聚焦化战略

7. 公司业务需要战略驱动的原因是（   ）。

   A. 公司战略需要业务的支持才能实现

   B. 公司的业务有具体的目标，战略是相对抽象的目标

   C. 公司的业务目标必须与战略目标统一，才能确保把有限的资源用在正确的地方上

   D. 战略是由公司高层制定的，公司业务目标是由公司基层制定的

8. 关于平衡计分卡，下列说法中正确的是（   ）。

   A. 平衡计分卡既是战略制定工具，也是业绩评价工具

   B. 平衡计分卡不能体现系统观点

   C. 平衡计分卡不能用于实际运营中

   D. 平衡计分卡实施需要以全面预算管理的系统为基础

9. 关于平衡计分卡和关键成功因素的关系，说法正确的是（   ）。

   A. 关键成功因素集合在一起就是平衡计分卡

B. 平衡计分卡和关键成功因素没有任何关系

C. 平衡计分卡决定了关键成功因素的识别

D. 平衡计分卡是绩效评价工具，关键成功因素是战略控制工具

10. 关于财务测度，说法正确的是（　　）。

A. 财务绩效测度是最有用的绩效测度

B. 财务绩效测度能够全面、综合评价战略执行的绩效

C. 财务绩效测度存在内在固有缺陷

D. 财务绩效测度与非财务绩效测度独立运作，互不相关

11. 非财务测度如此重要，最根本的原因是（　　）。

A. 非财务测度能够发现问题产生的本质原因

B. 非财务测度能够使用更多的工具去分析

C. 非财务测度能够反舞弊和反欺诈

D. 非财务测度能够知道企业的盈利情况和运作效率

12. 价值反馈战略，体现在（　　）。

A. 价值创造和保持的绩效是否达到预期目标，体现出战略制定和实施的有效性

B. 战略目标必须分解成为可操作目标，才能为价值创造提供基础

C. 价值是传递给客户的价值，这是属于客户的，并不能为企业牟利

D. 价值只能通过企业管理流程才能反馈价值

四、多项选择题

阅读下列关于通用电气的材料，回答问题。

20 世纪 50 年代初期，通用电气在经营方面开始进行广泛的权利和责任的分权机制。组织的基本单位是产品部门。截至 1964 年，有 100 多个这样的部门。公司管理人员意识到，如果想使这一分权机制充分发挥作用，公司需要一个改进的绩效管理系统，并且任何改进的控制系统都要求具备较好的业绩评价功能。

根据上面材料，回答问题 1 和 2。

1. 关于绩效管理系统，下列说法中正确的有（　　）。

A. 绩效管理系统可以是一个既包括软件，也包括硬件的系统

B. 绩效管理系统目的是跟踪、分析、报告和控制企业各项管理活动绩效的综合性系统

C. 绩效管理系统只对大型组织有用

D. 绩效管理系统必须是以战略目标为导向

2. 对于绩效管理系统的改进思路，下列说法中正确的有（　　）。

A. 绩效管理系统的改进主要是软件层面的

B. 绩效管理系统的改进是持续性的，不是一次性的

    C. 绩效管理系统的改进可以是通过自上而下的组织层级进行

    D. 绩效管理系统的改进是最高管理层的工作

为了测量的目的，通用电气对员工的发展被定义为："为了适应公司目前和未来的需要，为员工提供进一步的发展和退休计划，以及为了实现公司的发展和扩张对管理者和专家进行的系统性培训工作"。通用电气的管理层对员工的发展定义还包括："对每一个职能领域，比如设计、生产、销售和财务都要制定培训计划，范围更广的培训计划意在使员工能够理解管理的基本原则。这些计划必须设计得能够使足够的员工不断地获得升迁机会，使每一个职位的员工获得适当的岗位和发展机会。同时，为了个人的进一步发展，这些计划必须鼓励竞争和首创精神。"

根据上面材料，回答问题 3 和 4。

3. 人员发展对企业绩效如此重要的原因有（   ）。

    A. 人员发展为企业提供了更高效的生产要素，促进了企业的可持续发展

    B. 人员发展增强了企业的知识和技术储备，从而增厚企业相对竞争优势

    C. 人员发展有利于建立学习型组织，提高组织整体的运行绩效

    D. 人员发展是指管理人员在技能和管理能力的可持续进步

4. 鼓励竞争和首创精神对企业业绩的影响包括（   ）。

    A. 竞争和首创精神能够提高人员的效率，从而为企业创造更大的价值

    B. 奖励首创精神对员工有激励作用，使企业不断取得技术突破，研制更有竞争力的产品

    C. 过度的竞争打击了员工的积极性，对企业发展不利

    D. 公司的管理层应该比员工更有首创精神

通用集团认识到它有义务使自己成为一个好的企业，遵守法律和商业道德。公司认为，它的发展不仅要求对广泛的公众利益有积极的认识，而且还要对一定的特殊公众有一个交代。这些公众包括与企业成功利害相关的人士，也即股东、雇员、顾客、供应商、零售商、分销商、工厂所在的社区、教育机构和政府。

根据上面材料，回答问题 5 和 6。

5. 下列关于企业的说法中，正确的有（   ）。

    A. 企业良好表现是企业取得社会认同的体现

    B. 企业必须把成为优秀企业放在第一优先位置上

    C. 好的企业身份能够使企业在运行、管理和与外部互动上取得便利

    D. 只要遵守法律和商业道德，就一定能成为好的企业

6. 企业在绩效评估时，要考虑利益相关方影响的原因包括（   ）。

    A. 利益相关方的行为会最终影响企业绩效

    B. 评估企业绩效，既要评估利益相关方的正面影响，也要评估其负面影响

    C. 利益相关方之间可能存在复杂的联系，对未来企业绩效造成不确定程度的影响

    D. 利益相关方的心理和行为共同构成了企业绩效的表层和深层次因素

五、简单题

1. 请简述平衡计分卡包含的四个维度。
2. 简述关键成功因素。
3. 简述财务绩效测度的缺点。

第三节 习题参考答案

一、名词解释

略。

二、判断题

1. √   2. √   3. ×   4. ×   5. ×   6. √   7. √   8. ×   9. √   10. ×

三、单项选择题

1. D   2. B   3. D   4. A   5. C   6. B   7. C   8. A   9. C   10. C   11. A   12. A

四、多项选择题

1. ABC   2. BC   3. ABC   4. ABC   5. AC   6. ABC

五、简答题

1. 请简述平衡计分卡包含的四个维度。

答：平衡计分卡将组织使命和战略（结构化为价值链）转化为一系列业绩衡量标准，它们为战略的执行（微观作业）提供了框架。最重要的是，平衡计分卡不仅仅关注实现财务目标，还强调了一些非财务目标，即从四个维度评价一个组织的业绩。

财务：为股东创造的利润和价值。

顾客：公司在目标市场上的成果。

内部业务流程：为客户创造价值的内部活动。

学习和成长：支持内部活动的人与系统的能力。

2. 简述关键成功因素。

答：关键成功因素（CSF）指的是对企业成功（达到既定战略目标）起关键作用的因素。应用关键成功因素法，通过分析找出使得企业成功的关键因素，然后再围绕这些关键因素来确定当前管理的需求，并进行规划。

关键成功因素的重要性置于企业其他所有目标、策略和目的之上，寻求管理决策阶层所需的信息层级，并指出管理者应特别注意的范围。若能掌握少数几项重要因素（一般关键成功因素有 5 ~ 9 个），便能确保相当的竞争力，它是一组能力的组合。如果企业想要持续成长，就必须对这些少数的关键领域加以管理，否则将无法达到预期的目标。即使同一个行业中的个别企业会存在不同的关键成功因素，关键成功因素有 4 个主要的来源：个别行业的结构；竞争策略、行业中的地位及地理位置；环境因素；暂时因素。

3. 简述财务绩效测度的缺点。

答：财务绩效评价存在很大局限性。首先，它会促使不利于企业长期利益的短期行为的产生。其次，为了获得短期利润，事业部经理可能并不采取有利于企业战略的长期行动。再次，利用短期利润作为单一目标会歪曲事业部经理与高层管理人员之间的沟通。最后，紧张的财务控制会激励管理者操纵数据。